LERM • LAMBIASE

Einsatzrecht kompakt – Definitionswissen für die weitere Ausbildung

Einsatzrecht kompakt – Definitionswissen für die weitere Ausbildung

Laufbahnprüfung erfolgreich bestehen

Patrick Lerm
Polizeihauptkommissar
Dozent am Bundespolizeiaus- und -fortbildungszentrum Bamberg
Lehrbeauftragter der Hochschule für den öffentlichen Dienst in Bayern – Fachbereich Allgemeine Innere Verwaltung

Dominik Lambiase, M. A.
Polizeioberkommissar
Dozent am Bundespolizeiaus- und -fortbildungszentrum Bamberg
z. Zt. stellvertretender Dienstgruppenleiter an einer Bundespolizeiinspektion

2., erweiterte Auflage, 2021

Bibliografische Information der Deutschen Nationalbibliothek |
Die Deutsche Nationalbibliothek verzeichnet diese Publikation in der Deutschen Nationalbibliografie; detaillierte bibliografische Daten sind im Internet über www.dnb.de abrufbar.

2. Auflage, 2021

ISBN 978-3-415-06967-1

Titelfoto: Dmitri – stock.adobe.com | Satz: abavo GmbH, Nebelhornstraße 8, 86807 Buchloe | Druck und Bindung: Medienhaus Plump GmbH, Rolandsecker Weg 33, 53619 Rheinbreitbach

Richard Boorberg Verlag GmbH & Co KG | Scharrstraße 2 | 70563 Stuttgart
Stuttgart | München | Hannover | Berlin | Weimar | Dresden
www.boorberg.de

Inhaltsverzeichnis

Kapitel 1 – Ausländerrecht 13
1. Grundlegende Definitionen (im Ausländerrecht) 13
2. Definitionen im Zusammenhang mit dem Prüfungsschema 22
   2.1 Prüfungsschema Ausländerrecht 22
   2.2 Definitionen zum Punkt: Statusprüfung der Person (1.1) 23
   2.3 Definitionen zum Punkt: Grenze (1.2) 24
3. Straftaten im AufenthG 26
   § 95 I Nr. 1 AufenthG 26
   § 95 I Nr. 2 AufenthG 30
   § 95 I Nr. 3 AufenthG 32
   § 96 I Nr. 1 AufenthG 35
   § 96 I Nr. 2 AufenthG 37
   § 96 II AufenthG. 40

Kapitel 2 – Versammlungsrecht 43
1. Straftaten im Versammlungsrecht. 43
   Uniformverbot gem. § 3 VersammlG i. V. m. § 28 VersammlG 43
   Führungsverbot von Waffen oder gefährlichen Gegenständen gem. § 2 III VersammlG i. V. m. § 27 I VersammlG 46
   Verbot der Passivbewaffnung gem. § 17 a I VersammlG i. V. m. § 27 II Nr. 1 VersammlG. . . 49
   Vermummungsverbot gem. § 17 a II Nr. 1 VersammlG i. V. m. § 27 II Nr. 2 VersammlG 53
   Verbot der Zusammenrottung gem. § 27 II Nr. 3 VersammlG 56
2. Ordnungswidrigkeiten im Versammlungsrecht 60
   Mitführverbot von Vermummungsgegenständen gem. § 17 a II Nr. 2 VersammlG i. V. m. § 29 I Nr. 1 a VersammlG 60

Kapitel 3 – Luftsicherheitsrecht 63
1. Grundlegende Definitionen (im Luftsicherheitsrecht) . . 63
2. Straftaten im Luftsicherheitsrecht 68
   § 19 I LuftSiG 68
3. Befugnisse im Luftsicherheitsrecht 70
   § 5 I LuftSiG 71
   § 5 II Nr. 1 LuftSiG 71
   § 5 II Nr. 2 LuftSiG 72
   § 5 II Nr. 3 LuftSiG 72

Kapitel 4 – Betäubungsmittelrecht 75
§ 29 I BtmG 75
   Einordnung des Delikts 76
   1. TBM – Betäubungsmittel 76
   2. TBM – unerlaubt 76
   3. TBM – Tathandlung 76
§ 29 a BtmG 78
   Einordnung des Delikts 79
   1. TBM – Betäubungsmittel 79
   2. TBM – Person über 21 Jahre 79
   3. TBM – Tathandlung 79
§ 30 BtmG 80
   Einordnung des Delikts 80
   1. TBM – Betäubungsmittel 81
   2. TBM – als Bande 81
   3. TBM – Tathandlung 81

Kapitel 5 – Repressive Standardbefugnisse 83
1. Erheben einer Sicherheitsleistung gem. §§ 127 a StPO . . 83
2. Erheben einer Sicherheitsleistung gem. § 132 StPO . . . 85
3. Beschlagnahme gem. §§ 111 b ff. StPO 88

Kapitel 6 – Straftaten 93
1. Gefährdung des demokratischen Rechtsstaats 93
1.1 Verbreiten von Propagandamitteln verfassungswidriger Organisationen gem. § 86 StGB 93
1.2 Verwenden von Kennzeichen verfassungswidriger Organisationen gem. § 86 a StGB 98
2. Straftaten gegen die öffentliche Ordnung 102
2.1 Schwerer Hausfriedensbruch gem. § 124 StGB 102
2.2 Landfriedensbruch gem. § 125 StGB 106
2.3 Schwerer Landfriedensbruch gem. § 125 a StGB 109
2.4 Missbrauch von Notrufeinrichtungen gem. § 145 StGB 116
3. Straftaten gegen die sexuelle Selbstbestimmung 118
3.1 Sexuelle Belästigung gem. § 184 i StGB 118
3.2 Straftaten aus Gruppen gem. § 184 j StGB 120
4. Ehrdelikte 122
4.1 Beleidigung gem. § 185 StGB 122
4.2 Üble Nachrede gem. § 186 StGB 124
4.3 Verleumdung gem. § 187 StGB 126
5. Urkundenfälschung 129
5.1 Verändern amtlicher Ausweise gem. § 273 StGB 129
5.2 Verschaffen von falschen amtlichen Ausweisen gem. § 276 StGB 131
6. Gemeingefährliche Straftaten 134
6.1 Gefährliche Eingriffe in den Bahnverkehr gem. § 315 StGB 134
6.2 Störung öffentlicher Betriebe gem. § 316 b Nr. 1 StGB 141

Kapitel 7 – Waffenrecht 145
1. Prüfungsschema 145
2. Definitionen zum Punkt W: Anwendbarkeit des Waffengesetzes 145
3. Definitionen zum Punkt U: Umgangsarten 148
4. Definitionen zum Punkt V: Verbotene Gegenstände . . . 150

Einführung

Diese Definitionssammlung hat das primäre Ziel, den Polizeimeisteranwärter[1] des mittleren Polizeivollzugsdienstes in der Bundespolizei (BPOL) in die Lage zu versetzen, die im Unterricht des 2. Ausbildungsjahres[2] dargebotenen Befugnisse, Straftaten und Ordnungswidrigkeiten in einer kurzen Übersicht nachzuvollziehen. Die Inhalte des 2. Dienstjahres sind – zusammen mit den bereits vermittelten Inhalten des 1. Dienstjahres[3] – Bestandteil der am Ende der Ausbildung stattfindenden Laufbahnprüfung.

Die Definitionen wurden (bis auf Teile des Ausländer- und des Luftsicherheitsrechts) bewusst nicht alphabetisch geordnet, sondern (thematisch) den einzelnen präventiven und repressiven Befugnissen sowie den Straftaten zugeordnet. Durch diese Struktur wird der Lernprozess wesentlich erleichtert. Bei der jeweiligen Befugnis bzw. Straftat findet sich zudem ein Gesetzesauszug der jeweiligen Norm.

Diese Definitionssammlung erhebt nicht den Anspruch auf Vollständigkeit. Es wurden die wesentlichen Befugnisse und Straftaten abgedeckt, welche im 2. Ausbildungsjahr behandelt werden. Insoweit baut diese Broschüre auf die ebenfalls im RICHARD BOORBERG VERLAG erschienene Broschüre Einsatzrecht kompakt – Definitionswissen – Zwischenprüfung erfolgreich bestehen – auf.

Die in der Broschüre dargestellten Befugnisse, Straftaten und Ordnungswidrigkeiten stellen eine subjektive Auswahl der Verfasser dar. Das Rechtsgebiet Waffenrecht wurde aufgrund seiner

---

1 Soweit Personen- und Funktionsbezeichnungen aus Gründen der Lesbarkeit nur in der männlichen Form verwendet werden, gelten sie gleichermaßen auch für Frauen.

2 = Weitere fachtheoretische und fachpraktische Ausbildung.

3 = Grundausbildung.

Besonderheiten bei der Sachverhaltsbearbeitung bewusst ausgelassen.

Anschließend an jede dargestellte Befugnis oder Straftat befindet sich eine Notizseite. Diese Notizseite dient für eigene Anmerkungen oder zusätzliche Informationen, wie beispielsweise Formvorschriften.

Das gesamte Format wurde bewusst *kompakt* gehalten, damit die Sammlung auch in jede Hosen- oder Jackentasche hineinpasst – ideal um die Definition zu jeder Zeit und an jedem Ort zur Hand zu haben!

Die Verfasser möchten sich herzlichst bei Herrn PHK Michael Endres für die kritische Durchsicht und die fruchtbaren Diskussionen bedanken.

Die Verfasser

Bamberg, Juli 2019

Vorwort zur 2. Auflage

Aufgrund der positiven Rückkopplungen zur 1. Auflage haben wir uns dazu entschlossen, das für die Theorie und Praxis so wichtige Kapitel 1 (Ausländerrecht) dahingehend zu ergänzen, dass anhand des geltenden Prüfungsschemas die dort relevanten Definitionen dargestellt werden. Auf diese Weise soll der Lernprozess wesentlich erleichtert werden.

Auch haben wir ein neues Kapitel zum Waffenrecht eingefügt. Auch hier werden anhand des geltenden Prüfungsschemas die relevanten Definitionen dargestellt.

Am grundlegenden Ziel und dem kompakten Format dieser Definitionssammlung hat sich nichts geändert. Wir hoffen, dass dieses Werk vielen Auszubildenden hilft, das wichtige 2. Ausbildungsjahr mit Erfolg zu bestehen, denn dieses ist die Grundlage für einen erfolgreichen Laufbahnlehrgang. Wir freuen uns auf Hinweise, Anregungen und Kritik, die zu einer Verbesserung beitragen. Richten Sie diese einfach an einsatzrecht@web.de. Weitere Infos finden Sie auch auf der Homepage www.einsatzrecht.de sowie bei YouTube (So geht Einsatzrecht!) (verantwortlich: PHK Lerm).

Die Verfasser

Bamberg, Dezember 2020

Kapitel 1 – Ausländerrecht

1. Grundlegende Definitionen (im Ausländerrecht)

Für das Gesamtverständnis als auch die spätere Sachverhaltsbeurteilung im Bereich des Ausländerrechts ist es unerlässlich, grundlegende Definitionen zu beherrschen. Nachfolgend finden Sie eine Auswahl der wichtigsten Definitionen (alphabetisch geordnet). Viele dieser Definitionen finden sich als sog. *Legaldefinitionen* in den verschiedenen Gesetzen des Ausländerrechts wieder. Von daher empfiehlt es sich, parallel dazu stets den Gesetzestext aufzuschlagen und ggf. erforderliche Markierungen vorzunehmen.

Abschiebung

ist die Durchsetzung der vollziehbaren Ausreisepflicht unter Anwendung unmittelbaren Zwangs.

§ 58 I AufenthG besagt: Der Ausländer ist abzuschieben, wenn die Ausreisepflicht vollziehbar ist, eine Ausreisefrist nicht gewährt wurde oder diese abgelaufen ist, und die freiwillige Erfüllung der Ausreisepflicht nicht gesichert ist oder aus Gründen der öffentlichen Sicherheit und Ordnung eine Überwachung der Ausreise erforderlich erscheint.

Asylgesuch

liegt vor, wenn sich dem mündlich, schriftlich oder auf eine andere Weise geäußerten Willen eines Ausländers entnehmen lässt, dass er im Bundesgebiet Schutz vor politischer Verfolgung sucht oder dass er Schutz vor Abschiebung oder einer sonstigen Rückführung in einen Staat begehrt, in dem ihm eine Verfolgung (§ 3 I AsylG) oder ein ernsthafter Schaden (§ 4 I AsylG) droht.

Aufenthalt

ist der Zeitraum zwischen vollendeter Einreise und vollendeter Ausreise.

Aufenthaltstitel (Art. 2 Nr. 16 SGK)

sind alle Aufenthaltstitel, die die Mitgliedsstaaten nach dem einheitlichen Muster gemäß der Verordnung (EG) Nr. 1030/2002 des Rates ausstellen, sowie gemäß der Richtlinie 2004/38/EG ausgestellte Aufenthaltskarten.

Darüber hinaus alle sonstigen von einem Mitgliedsstaat einem Drittstaatsangehörigen ausgestellten Dokumente, die zum Aufenthalt in seinem Hoheitsgebiet berechtigen, wenn diese Dokumente gemäß Artikel 39 mitgeteilt und veröffentlicht wurden, ausgenommen

- vorläufige Aufenthaltstitel, die für die Dauer der Prüfung des Erstantrages auf Erteilung eines Aufenthaltstitels nach Buchstabe a oder eines Asylantrages ausgestellt worden sind und
- Visa, die Mitgliedsstaaten nach dem einheitlichen Muster der Verordnung (EG) Nr. 1683/95 des Rates ausgestellt haben.

Aufenthaltstitel (nach deutschem Recht)

sind alle in § 4 I S. 2 AufenthG aufgezählten Dokumente:

- Visum im Sinne des § 6 I Nr. 1 und III (Visa Kat. D von Deutschland und Kat. C von allen Schengen-Staaten ausgestellt)
- Aufenthaltserlaubnis (§ 7)
- Blaue Karte EU (§ 19a)
- ICT-Karte (§ 19b)
- Mobile-ICT-Karte (§ 19d)
- Niederlassungserlaubnis (§ 9)
- Erlaubnis zum Daueraufenthalt – EU (§ 9a)

Ausländer

ist jeder, der nicht Deutscher i. S. d. Art. 116 I GG ist.

Ausreisepflicht (§ 50 I AufenthG)

Ein Ausländer ist ausreisepflichtig, wenn er einen erforderlichen Aufenthaltstitel nicht oder nicht mehr besitzt.

Außengrenzen (Art. 2 Nr. 2 SGK)

sind die Land- und Seegrenzen sowie die Flug- und Seehäfen der Schengen-Staaten, soweit sie nicht Binnengrenzen sind.

Beispiel: Der Flug von Moskau/Russland nach Hamburg.

Binnengrenzen (Art. 2 Nr. 1 SGK)

sind die gemeinsamen Landgrenzen der Mitgliedstaaten (Schengen-Vollanwender-Staaten), einschließlich der Fluss- und Binnenseegrenzen, die Flughäfen der Mitgliedstaaten für Binnenflüge, die See-, Flussschifffahrts- und Binnenseehäfen der Mitgliedstaaten für regelmäßige interne Fahrverbindungen.

Beispiel: Die Fahrt mit dem Auto von Polen nach Deutschland.

Deutsche(r) i. S. d. Art. 116 I GG

sind die deutschen Staatsangehörigen und aufgenommene deutsche Volkszugehörige, sowie deren Ehegatten und Abkömmlinge (sog. Statusdeutsche). Deutschstämmige Aussiedler sind als Ausländer zu behandeln, solange sie noch nicht Aufnahme in Deutschland gefunden haben.

Drittstaat (Art. 1 SDÜ)

ist ein Staat, der nicht Schengen-Staat ist.

Drittstaatsangehöriger

ist jede Person, die weder Unions-/EWR[4]-Bürger noch Staatsangehöriger der Schweiz ist (und kein abgeleitetes Freizügigkeitsrecht in Anspruch nehmen kann).

Duldung

ist kein Aufenthaltstitel, sondern nur die Bescheinigung über die Aussetzung der Abschiebung (§ 60 a AufenthG).

4 EWR = Europäischer Wirtschaftraum.

Eingehende Kontrolle

umfasst den Kontrollstandard an den Außengrenzen gemäß Art. 8 III SGK.

Zielgruppe: Drittstaatsangehöriger

- Unterscheidung in eingehende Kontrolle bei der **Einreise** (Art. 8 III a SGK) und
- Eingehende Kontrolle bei der **Ausreise** (Art. 8 III g SGK)

Bei der Einreise:

- **Überprüfung der Einreisevoraussetzungen gem. Art. 6 I SGK,**
- der Identität, Staatsangehörigkeit, Echtheit & Gültigkeit des Dokuments,
- eine Abfrage im SIS, Interpol-Datenbank (SLTD), nationale Datenbanken (INPOL), Überprüfung der Daten auf dem Chip,
- Visum/Aufenthaltstitel (falls erforderlich),
- Ein- und Ausreisestempel,
- Abfahrts- und Zielorte, Zweck des beabsichtigten Aufenthalts,
- Ausreichende Mittel,
- Sind die Person/Fortbewegungsmittel/mitgeführte Sachen eine Gefahr für die öffentliche Ordnung, die innere Sicherheit ...? Überprüfung Visum im VIS.

Bei der Ausreise:

- Überprüfung der Identität, der Staatsangehörigkeit, der Echtheit & Gültigkeit des Dokuments,
- Abfrage im SIS, Interpol-Datenbank (SLTD), nationale Datenbanken (INPOL), Überprüfung der Daten auf dem Chip,
- Sind die Person/Fortbewegungsmittel/mitgeführte Sachen eine Gefahr für die öffentliche Ordnung, die innere Sicherheit ...?
- **Kann-Bestimmung (zusätzlich):** Überprüfung Visum (ggf. Abfrage im VIS), ist die Höchstdauer des Aufenthalts überschritten?

Einreise

Als Einreise bezeichnet man den Vorgang des Grenzübertritts in Richtung Deutschland.

Zwei Einreise-Situationen:

Schengen-**Außen**grenze	Schengen-**Binnen**grenze
Gemäß § 13 II S. 1 AufenthG ist ein Ausländer an einer zugelassenen Grenzübergangsstelle erst dann eingereist, wenn er die Grenze (Grenzlinie) überschritten hat **und** die Grenzübergangsstelle passiert hat.	Gemäß § 13 II S. 3 AufenthG ist ein Ausländer im Übrigen eingereist, wenn er die Grenze (Grenzlinie) überschritten hat.

Einreiseverweigerung (Art. 14 SGK)

ist eine Maßnahme der Grenzpolizei, um zu verhindern, dass Drittstaatsangehörige einreisen, die nicht die Einreisevoraussetzungen gem. Art. 6 I SGK erfüllen.

Erwerbstätigkeit (§ 2 II AufenthG)

ist die selbständige Tätigkeit und die Beschäftigung im Sinne des § 7 des Vierten Buches Sozialgesetzbuch.

EU-Bürger

ist jeder, der die Staatsangehörigkeit eines Mitgliedsstaates der Europäischen Union besitzt. Diese Unionsbürgerschaft tritt zur nationalen Staatsbürgerschaft hinzu, ersetzt sie aber nicht. Siehe auch:

Vertrag über die Arbeitsweise der Europäischen Union (AEUV oder AEU-Vertrag)

Artikel 20

(1) Es wird eine **Unionsbürgerschaft** eingeführt. Unionsbürger ist, wer die Staatsangehörigkeit eines Mitgliedstaats besitzt. Die Unionsbürgerschaft tritt zur nationalen Staatsbürgerschaft hinzu, **ersetzt sie aber nicht**.

> (2) Die Unionsbürgerinnen und Unionsbürger haben die in den Verträgen vorgesehenen Rechte und Pflichten. Sie haben unter anderem das Recht, sich im Hoheitsgebiet der Mitgliedstaaten **frei zu bewegen und aufzuhalten**; (…)

EWR-Bürger

Merke: Jeder EU-Staat ist gleichzeitig auch ein EWR-Staat!

Es gibt jedoch Staaten, die ein EWR-Staat sind, aber kein EU-Staat. Diese Staaten sind:

Norwegen, Island, Liechtenstein (die sog. NIL-Staaten)

Angehörige dieser Staaten bezeichnet man als EWR-Bürger.

Grenzkontrollen (Art. 2 Nr. 10 SGK)

sind die an einer Grenze nach Maßgabe und für die Zwecke dieser Verordnung (SGK) unabhängig von jedem anderen Anlass ausschließlich aufgrund des beabsichtigten oder bereits erfolgten Grenzübertritts durchgeführten Maßnahmen, die aus Grenzübertrittskontrollen und Grenzüberwachung bestehen.

Grenzübergangsstelle (Art. 2 Nr. 8 SGK)

ein von den zuständigen Behörden für das Überschreiten der Außengrenzen zugelassener Ort des Grenzübertritts.

Grenzübertrittsbescheinigung

– abgekürzt **GÜB** – ist ein von einer deutschen Ausländerbehörde an einen ausreisepflichtigen Ausländer ausgestelltes Schriftstück, auf dem dessen Ausreisefrist festgehalten ist und das einen Formularabschnitt enthält, mit dem der Nachweis der Ausreise aus dem Bundesgebiet geführt werden soll. Der Ausländer übergibt die GÜB entweder der Grenzpolizei oder alternativ persönlich bei der deutschen Auslandsvertretung.

Kurzaufenthalt (Art. 6 I SGK)

ist ein Aufenthalt im gemeinsamen Gebiet der Schengen-Staaten von bis zu 90 Tagen je Zeitraum von 180 Tagen, wobei der Zeitraum von 180 Tagen, der jedem Tag des Aufenthalts vorangeht, berücksichtigt wird.

Mindestkontrolle

umfasst den Kontrollstandard an den Außengrenzen gemäß Art. 8 II SGK.

Zielgruppe: Personen, die nach Unionsrecht einen **Anspruch auf freien Personenverkehr** haben

- EU-/EWR-Staatsangehörige, Schweizer und Familienangehörige, die dem Freizügigkeitsberechtigten nachziehen oder ihn begleiten
- gilt bei der Ein- und Ausreise

Die Mindestkontrolle umfasst:

- Die Überprüfung der Identität,
- Staatsangehörigkeit,
- Echtheit & Gültigkeit des Dokuments,
- Abfrage im SIS, in der Interpol-Datenbank (SLTD), in nationalen Datenbanken (INPOL),
- Sind die Person/Fortbewegungsmittel/mitgeführte Sachen eine Gefahr für die öffentliche Ordnung, die innere Sicherheit …?
- ggf. Überprüfung der Daten auf dem Chip.

Negativstaater

Nach Artikel 6 I b SGK muss der Drittstaatsangehörige im Besitz eines gültigen Visums sein, falls dies nach Art. 1, Art. 3 I i. V. m. Anhang 1 der EUVisaVO vorgesehen ist.

Öffentliche Ordnung (im Sinne des Europarechts)

Die öffentliche Ordnung im Sinne des Europarechts entspricht dem Begriff der öffentlichen Sicherheit nach deutschem Recht (s. auch Art. 6 I e SGK).

Pass

Dieser wird von souveränen Staaten aufgrund der ihnen zukommenden Passhoheit an eigene oder fremde Staatsangehörige ausgestellt.

Pässe dienen:

- der Feststellung der Identität
- sie stellen ein völkerrechtlich verbindliches Rückübernahme-Versprechen gegenüber anderen Staaten dar
- sie bescheinigen die Staatsangehörigkeit zum Zeitpunkt der Ausstellung
- sie gewähren das Reiserecht gegenüber dem Inhaber, in Staaten zu reisen, welche den Ausstellerstaat anerkennen.

Passbesitzpflicht

Der Ausländer muss über einen gültigen, für ihn ausgestellten Pass verfügen (§ 3 I AufenthG).

Passersatzpapiere

sind sonstige Reisedokumente für eigene Staatsangehörige oder für fremde Staatsangehörige oder Staatenlose, die zum Grenzübertritt berechtigen. In § 3 III AufenthV sind nichtdeutsche Passersatzpapiere aufgezählt. § 4 I AufenthV enthält deutsche Passersatzpapiere.

Passmitführungspflicht

Eine Mitführungspflicht besteht gemäß § 13 I S. 2 AufenthG nur für den Grenzübertritt.

Positivstaater

Die Staatsangehörigen der in der Liste in Anhang II aufgeführten Drittländer sind von der Visumpflicht nach Art. 1, Art. 4 I i. V. m. Anhang II der EUVisaVO für einen Aufenthalt, der 90 Tage je Zeitraum von 180 Tagen nicht überschreitet, befreit.

Proxy-Pässe

Bei den sogenannten Proxy-Pässen (engl. *by proxy* = in Abwesenheit) handelt es sich um Pässe mit maschinenlesbarer Personalseite, die in Abwesenheit des späteren Passinhabers von offiziellen Behörden des Ausstellerstaates ausgestellt werden. Einige Ausstellerstaaten, so auch die Bundesrepublik Deutschland, erklären Proxy-Pässe für ungültig, weil das persönliche Erscheinen des Antragstellers und die eigenhändige Unterschrift vor dem Passbeamten erforderlich sind. Somit sind diese Pässe für den Grenzübertritt und Aufenthalt in Deutschland nicht als ausreichend anerkannt.

Rückführung

bezeichnet das behördliche Verbringen des Ausländers über die Grenze in den Zielstaat und ggf. die Überstellung an die dortige Grenzbehörde.

Schengener Grenzkodex (SGK)

Der SGK [VO (EU) 2016/399] regelt das Überschreiten der Grenzen (Binnen- und Außengrenzen) durch Personen.

Subsidiaritätsprinzip (des deutschen Ausländerrechts)

bedeutet, dass das EU-Recht (insb. EU-Verordnungen) und das Völkerrecht (Verträge/Abkommen mit anderen Staaten) großen Einfluss auf das nationale Aufenthaltsrecht haben und dieses zum Teil auch verdrängen.

Visum (Art. 2 Nr. 2 Visakodex – VK)

ist die von einem Mitgliedstaat erteilte Genehmigung im Hinblick auf

- die Durchreise durch das Hoheitsgebiet der Mitgliedstaaten *oder* einen geplanten Aufenthalt in diesem Gebiet von höchstens 90 Tagen je Zeitraum von 180 Tagen *oder*
- die Durchreise durch die internationalen Transitzonen der Flughäfen von Mitgliedstaaten.

Zurückschiebung (§ 57 AufenthG)

ist die Durchsetzung der vollziehbaren Ausreisepflicht unter Anwendung unmittelbaren Zwangs.

2. Definitionen im Zusammenhang mit dem Prüfungsschema

2.1 Prüfungsschema Ausländerrecht

Für den Bereich des Ausländerrechts existiert ein eigenes Prüfungsschema für die Beurteilungen von Sachverhalten. Sie werden dieses Schema im Rahmen des Unterrichts im Ausländerrecht kennenlernen. Es unterscheidet sich vom bisher bekannten *Schema für die rechtliche Begründung von Eingriffsmaßnahmen* aus der Grundausbildung. Neben dem folgenden Schema zur Prüfung von ausländerrechtlichen Fragestellungen existiert (weiterhin) auch noch das (bereits aus der Grundausbildung bekannte) *Schema zur Prüfung von Straftaten*[5]. Dieses findet zum Beispiel Anwendung bei der Prüfung von Straftaten aus dem Aufenthaltsgesetz (§§ 95 ff. AufenthG).

Die überwiegende Mehrheit der relevanten Definitionen wird beim Prüfungspunkt 1 (*Herausarbeiten der anzuwendenden Rechtsnormen*) benötigt.

5 Tatbestandsmäßigkeit, Rechtswidrigkeit und Schuld.

Schema zur Prüfung von ausländerrechtlichen Fragestellungen

1. **Herausarbeiten der anzuwendenden Rechtsnormen**
   - 1.1 Statusprüfung der Person
   - 1.2 Grenze
   - 1.3 Beabsichtigte Dauer und Zweck des Aufenthalts
   - 1.4 Anzuwendende Rechtsnormen nennen
2. **Prüfung der Voraussetzungen der einschlägigen ausländerrechtlichen Normen**
3. **Prüfung der zu treffenden ausländerrechtlichen Befugnis (Eingriff)**
   - 3.1 Befugnisnorm
   - 3.2 Ermessensausübung
   - 3.3 Verhältnismäßigkeit
   - 3.4 Sachliche Zuständigkeit für die Befugnis
   - 3.5 Feststellung der Rechtmäßigkeit der Maßnahme

2.2 Definitionen zum Punkt: Statusprüfung der Person (1.1)

Welche Definitionen benötigen Sie?

Definition Deutsche(r)

Deutscher ist jeder i. S. d. Art. 116 I Grundgesetz (GG).

Definition Ausländer

Ausländer ist jede bzw. jeder, der nicht Deutsche(r) i. S. d. Art. 116 I GG ist (§ 2 I AufenthG).

Definition EU-Bürger

EU-Bürger ist jeder, der die Staatsangehörigkeit eines Mitgliedstaates der Europäischen Union (EU) besitzt.

Definition EWR-Bürger

EWR-Bürger ist jeder, der die Staatsangehörigkeit von Norwegen, Island oder Liechtenstein besitzt.

Definition Drittstaatsangehöriger

Drittstaatsangehöriger ist jede Person, die weder Unions-/EWR-Bürger noch Staatsangehöriger der Schweiz ist und kein abgeleitetes Freizügigkeitsrecht in Anspruch nehmen kann.

2.3 Definitionen zum Punkt: Grenze (1.2)

Welche Definitionen benötigen Sie?

Definition Schengen-Binnengrenze

Binnengrenzen sind nach Art. 2 Nr.1 SGK die **gemeinsamen Landgrenzen** der Mitgliedstaaten, einschließlich der Fluss- und Binnenseegrenzen, die **Flughäfen** der Mitgliedstaaten für **Binnenflüge**, die See-, Flussschifffahrts- und Binnenseehäfen der Mitgliedstaaten für regelmäßige interne Fährverbindungen.

Definition Schengen-Außengrenze

Außengrenzen sind die Landgrenzen der Mitgliedstaaten, einschließlich der Fluss- und Binnenseegrenzen, der Seegrenzen und der Flughäfen sowie der Flussschifffahrts-, See- und Binnenseehäfen, **soweit sie nicht Binnengrenzen** sind.

Sie müssen bei dem Prüfungspunkt – Grenze – weiterhin die Frage beantworten, ob die Einreise nach Deutschland bereits vollendet ist oder nicht. Hier hilft der § 13 AufenthG weiter:

§ 13 AufenthG (Grenzübertritt)

(1) Die Einreise in das Bundesgebiet und die Ausreise aus dem Bundesgebiet sind nur an den zugelassenen Grenzübergangsstellen und innerhalb der festgesetzten Verkehrsstunden zulässig, soweit nicht auf Grund anderer Rechtsvorschriften oder zwischenstaatlicher Vereinbarungen Ausnahmen zugelassen sind. Ausländer sind verpflichtet, bei

der Einreise und der Ausreise einen anerkannten und gültigen Pass oder Passersatz gemäß § 3 Abs. 1 mitzuführen und sich der polizeilichen Kontrolle des grenzüberschreitenden Verkehrs zu unterziehen.

(2) An einer zugelassenen Grenzübergangsstelle ist ein Ausländer erst eingereist, wenn er die Grenze überschritten und die Grenzübergangsstelle passiert hat. Lassen die mit der polizeilichen Kontrolle des grenzüberschreitenden Verkehrs beauftragten Behörden einen Ausländer vor der Entscheidung über die Zurückweisung (§ 15 dieses Gesetzes, §§ 18, 18a des Asylgesetzes) oder während der Vorbereitung, Sicherung oder Durchführung dieser Maßnahme die Grenzübergangsstelle zu einem bestimmten vorübergehenden Zweck passieren, so liegt keine Einreise im Sinne des Satzes 1 vor, solange ihnen eine Kontrolle des Aufenthalts des Ausländers möglich bleibt. Im Übrigen ist ein Ausländer eingereist, wenn er die Grenze überschritten hat.

An einer zugelassenen Grenzübergangsstelle [§ 13 II S. 1 AufenthG]	**Außerhalb zugelassenen Grenzübergangsstellen [§ 13 II S. 3 AufenthG]**
• Überschreiten der Grenzlinie und • Passieren der Grenzübergangsstelle (i. d. R. bestehend aus einer grenzpolizeilichen sowie zollrechtlichen Kontrolle)	• Überschreiten der Grenzlinie
Schengen-Außengrenze	**Schengen-Binnengrenze**
Beispiel • Der Reisende B erscheint am Flughafen Hamburg zur grenzpolizeilichen Einreisekontrolle des Fluges aus New York (USA) → **Schengen-Außengrenze!** • Nachdem er die Kontrollposition der BPOL und die des Zolls passiert ist, ist er gem. § 13 II S. 1 AufenthG vollendet eingereist.	Beispiel • Der Reisende T überschreitet mit dem Auto die Grenze Frankreich-Deutschland → **Schengen-Binnengrenze!** • Mit dem Überschreiten der Grenzlinie ist der T gem. § 13 II S. 3 AufenthG vollendet eingereist.

Die umfangreiche und wichtige Sachverhaltsbeurteilung finden Sie in *Lerm/Lambiase, Einsatzrecht kompakt, Sachverhaltsbearbeitung leicht gemacht, Laufbahnprüfung erfolgreich bestehen* (ebenfalls erschienen im RICHARD BOORBERG VERLAG Stuttgart).

3. Straftaten im AufenthG

§ 95 I Nr. 1 AufenthG

Gesetzestext (Auszug)

§ 95 Strafvorschriften

(1) Mit Freiheitsstrafe bis zu einem Jahr oder mit Geldstrafe wird bestraft, wer

1. entgegen § 3 Abs. 1 in Verbindung mit § 48 Abs. 2 sich im Bundesgebiet aufhält,

[...]

Denkbares Fallbeispiel

Der in Hamburg lebende thailändische Staatsangehörige T wird am Hauptbahnhof Hamburg kontrolliert. Er weist sich Ihnen gegenüber mit einem zeitlich abgelaufenen (thailändischen) Reisepass und einer (deutschen) Niederlassungserlaubnis[6] aus. Eine Verlängerung des Reisepasses hat er bislang nicht beantragt. Er gibt Ihnen gegenüber an, vor zwei Stunden in Hamburg mit dem Flugzeug aus Athen/Griechenland eingereist zu sein. Er habe dort Urlaub gemacht. Während des Urlaubs sei wohl der Reisepass abgelaufen.

6 § 9 AufenthG.

1. Tatbestandsmerkmal (nachfolgend TBM) – Ausländer (Drittstaatsangehöriger)

Definition: Drittstaatsangehöriger ist jede Person, die weder Unions-/EWR-Bürger noch Staatsangehöriger der Schweiz ist und kein abgeleitetes Freizügigkeitsrecht in Anspruch nehmen kann, s. auch Art. 2 Nr. 6 Schengener Grenzkodex (SGK).

Als Täter kommt grundsätzlich nur ein Drittausländer[7] in Betracht. Die Taten sind nicht durch EU- oder EWR-Staatsangehörige begehbar, da es an einem Verweis in § 11 I FreizügG/EU fehlt. Als Teilnehmer (= Anstiftung und Beihilfe gem. §§ 26, 27 StGB) kommt jedoch jedermann (z. B. auch der deutsche Staatsangehörige) in Betracht.

Hinweis: Eine ausführliche Subsumtion wird hier bei der Sachverhaltsbeurteilung in aller Regel nicht erforderlich sein. Von daher genügt hier eine kurze Feststellung laut Sachverhalt.

2. TBM – Aufenthalt im Bundesgebiet (vollendete Einreise)

Definition: Der Ausländer hält sich im Bundesgebiet auf, wenn er gem. § 13 II AufenthG vollendet eingereist ist.

Anmerkungen: Hier muss gedanklich geprüft werden, welche Einreisesituation bzw. welche Grenze passiert wird (*Unterscheidung zw. Schengen-Außengrenzen und Schengen-Binnengrenzen*).

- Gemäß § 13 II S. 1 AufenthG ist ein Ausländer erst eingereist, wenn er die Grenze überschritten hat und die Grenzübergangsstelle passiert hat.
  Die Grenzübergangsstelle besteht aus der grenzpolizeilichen (Bundespolizei, mit Ausnahmen die Landespolizei) sowie der zollrechtlichen Kontrolle.
- Gemäß § 13 II S. 3 AufenthG ist der Ausländer im Übrigen eingereist, wenn er die Grenze überschritten hat. Dies gilt für die sog. Schengen-Binnengrenzen, die gemäß Art. 22 Schengener

7 auch Drittstaatsangehörige genannt.

Grenzkodex (SGK) an jeder Stelle ohne Personenkontrollen überschritten werden können.

Beispiel: Flug Moskau/Russland → Hamburg	*Beispiel:* Fahrt mit dem PKW von Frankreich nach Deutschland
Schengen-**Außen**grenze	Schengen-**Binnen**grenze
Die Einreise des Ausländers ist erst dann vollendet, wenn die Grenze überschritten ist **und** die Grenzübergangsstelle passiert ist (bestehend aus der grenzpolizeilichen Einreisekontrolle und der zollrechtlichen Kontrolle).	Die Einreise ist mit dem Überfahren der Grenzlinie vollendet. Frankreich und Deutschland sind Schengen-Staaten. Daher bestehen keine (festen/stationären) Grenzkontrollen.

3. TBM – Entgegen der Passpflicht gem. § 3 I/bzw. ohne Ausweisersatz gem. § 48 II AufenthG

Definition: Gemäß § 3 I AufenthG muss ein Ausländer für den Aufenthalt im Bundesgebiet einen anerkannten und gültigen Pass oder Passersatz bzw. einen Ausweisersatz gem. § 48 II AufenthG besitzen, es sei denn die AufenthV bestimmt etwas anderes.

Die Prüfungspunkte beim Pass/Passersatz sind:

- Gültiger und anerkannter Pass/Passersatz
- **Besitz** (Abgrenzung Besitz – bloßes Nicht-Mitführen beachten)

(1) Gültiger und anerkannter Pass/Passersatz

Gültigkeit: Ein Pass kann u. a. **ungültig** werden, wenn dessen Gültigkeitsdatum abgelaufen ist. In diesem Zusammenhang ist jedoch das Europäische Übereinkommen über die Regelung des Personenverkehrs zwischen den Mitgliedstaaten des Europarates vom 13.12. 1957 zu beachten. In Deutschland werden bis zu fünf Jahre abgelaufene Pässe bestimmter Staaten als weiterhin gültig anerkannt.

Weitere Fallkonstellationen der Ungültigkeit sind:

- Nicht (mehr) vorhandene Möglichkeit der Identifizierung des Inhabers

- Heraustrennen von Seiten, Überkleben von Eintragungen
- Unleserliche oder unkenntliche Angaben (mit Ausnahme der Unterschrift)

Anerkennung: Die Passpflicht umfasst die Pflicht, einen vom Bundesinnenministerium (BMI) im Benehmen mit dem Auswärtigen Amt (AA) **anerkannten** (s. dazu § 71 VI AufenthG) und **gültigen** Pass oder Passersatz zu besitzen. Als Passersatzpapiere gibt es zum einen nichtdeutsche amtliche Ausweise (§ 3 AufenthV), zum anderen deutsche Passersatzpapiere (§ 4 AufenthV) für Ausländer (**Beispiele:** Reiseausweise für Flüchtlinge nach der GFK[8], Reiseausweise für Staatenlose, Schülersammellisten). Die deutschen Passersatzpapiere sind im Gesetz abschließend aufgezählt. Bei den nichtdeutsche Passersatzpapieren handelt es sich um eine nicht abschließende Aufzählung („*insbesondere*"). Es gibt z. B. Seefahrtsbücher, die im Gesetz nicht genannt werden, aber durch das BMI von bestimmten Staaten anerkannt werden.[9]

(2) Besitz (Abgrenzung Besitz – bloßes Nicht-Mitführen beachten)

Definition: **Besitz** bedeutet, dass der Ausländer über einen gültigen, für ihn ausgestellten Pass oder Passersatz verfügen muss.

Der Inhaber muss also die Sachherrschaft ausüben. Im Inland muss der Ausländer den Pass nicht ständig mitführen. Er muss jedoch in der Lage sein, den zuständigen Behörden innerhalb einer **angemessenen** Frist den Pass vorzulegen, um seine Identität nachzuweisen (s. auch § 48 I AufenthG). Wird dem Ausländer der Pass z. B. gestohlen, so hat er diesen Besitzverlust nicht zu vertreten. Daher scheidet eine Strafbarkeit aus. Der Ausländer hat aber die Pflicht, unverzüglich bei der zuständigen Auslandsvertretung vorzusprechen, um einen neuen Pass zu erhalten.

---

8 Genfer Flüchtlingskonvention (Abkommen über die Rechtsstellung der Flüchtlinge) wurde am 28.07.1951 auf einer Sonderkonferenz der Vereinten Nationen in Genf verabschiedet und trat am 22.04.1954 in Kraft.

9 Zum Beispiel werden die Seefahrtbücher der Russischen Föderation in Deutschland unter bestimmten Bedingungen anerkannt, Stand: 26.09.2018.

Auf die Darstellung des Ausweisersatzes (§ 48 II AufenthG) wurde aus didaktischen Gründen verzichtet.

§ 95 I Nr. 2 AufenthG

Gesetzestext (Auszug)

§ 95 Strafvorschriften

[...]

2. ohne erforderlichen Aufenthaltstitel nach § 4 Absatz 1 Satz 1 sich im Bundesgebiet aufhält, wenn
   a) er vollziehbar ausreisepflichtig ist,
   b) ihm eine Ausreisefrist nicht gewährt wurde oder diese abgelaufen ist und
   c) dessen Abschiebung nicht ausgesetzt ist,

[...]

Denkbares Fallbeispiel

BPOLI Flughafen Hamburg: Ein russischer Staatsangehöriger erscheint zur grenzpolizeilichen Ausreisekontrolle eines Fluges nach Moskau. Der Bundespolizist stellt fest, dass sich die Person mit einem Visum der Kategorie C statt der erlaubten 10 Tage 15 Tage aufgehalten hat. Eine Verlängerung hat er nicht beantragt.

1. TBM – Ausländer

Definition: Drittstaatsangehöriger ist jede Person, die weder Unions-/EWR-Bürger noch Staatsangehöriger der Schweiz ist und kein abgeleitetes Freizügigkeitsrecht in Anspruch nehmen kann, s. auch Art. 2 Nr. 6 Schengener Grenzkodex (SGK).

Als Täter kommt grundsätzlich nur ein Drittausländer[10] in Betracht. Die Taten sind nicht durch EU- oder EWR-Staatsangehörige begehbar, da es an einem Verweis in § 11 I FreizügG/EU fehlt. Als Teilnehmer (= Anstiftung und Beihilfe gem. §§ 26, 27 StGB) kommt jedermann (z. B. auch der deutsche Staatsangehörige) in Betracht.

Hinweis: Eine ausführliche Subsumtion wird hier bei der Sachverhaltsbeurteilung in aller Regel nicht erforderlich sein. Von daher genügt hier eine kurze Feststellung laut Sachverhalt.

2. TBM – Aufenthalt im Bundesgebiet

Definition: Der Ausländer hält sich im Bundesgebiet auf, wenn er gem. § 13 II AufenthG vollendet eingereist ist.

3. TBM – Ohne erforderlichen Aufenthaltstitel, § 4 I AufenthG

Definition: Ein Ausländer macht sich des unerlaubten Aufenthalts strafbar, wenn er sich ohne erforderlichen Aufenthaltstitel nach § 4 I S. 1 AufenthG im Bundesgebiet aufhält, sofern:

- er vollziehbar ausreisepflichtig ist ***und***
- ihm eine Ausreisefrist nicht gewährt wurde oder diese abgelaufen ist ***und***
- seine Abschiebung nicht ausgesetzt ist.

Beachte, dass alle drei genannten Punkte erfüllt sein müssen.

Hinweise zur Würdigung/Definitionen:

- Aufenthalt entgegen der AT-Pflicht (§ 4 I AufenthG)

  Definition: Gemäß § 4 I AufenthG benötigt grundsätzlich jeder Ausländer für den Aufenthalt einen Aufenthaltstitel, es sei denn, das EU-Recht oder die AufenthV bestimmen etwas anderes. Der Ausländer muss den Aufenthaltstitel lediglich besitzen.

10 auch Drittstaatsangehörige genannt.

- 2a. vollziehbare Ausreisepflicht

  Definition: Ein Ausländer ist gem. § 50 I AufenthG zur Ausreise verpflichtet, wenn er einen erforderlichen Aufenthaltstitel nicht oder nicht mehr besitzt. Die Ausreisepflicht ist gem. § 58 II S. 1 AufenthG **vollziehbar**, wenn er u. a. unerlaubt eingereist ist.

- 2b. Ausreisefrist wurde nicht gewährt **oder** ist abgelaufen

  Bei diesem Merkmal erfolgt in der Regel keine ausführliche Subsumtion, sondern nur eine kurze Feststellung am Sachverhalt.

- 2c. Abschiebung ist nicht ausgesetzt

Definition: Der Ausländer darf **keine** Duldung[11] besitzen.

Auch hier nur kurz am Sachverhalt erkennen und feststellen.

§ 95 I Nr. 3 AufenthG

Gesetzestext (Auszug)

§ 95 Strafvorschriften

[…]

3. entgegen § 14 Abs. 1 Nr. 1 oder 2 in das Bundesgebiet einreist,

[…]

Denkbares Fallbeispiel

BPOLI Forst: Im Rahmen einer verdachtsunabhängigen Kontrolle im 30 km-Bereich wird ein vietnamesischer Staatsangehöriger festgestellt, der ohne erforderlichen Aufenthaltstitel nach Deutschland eingereist ist.

11 Rechtsgrundlage: § 60 a AufenthG. Die (vorübergehende) Aussetzung der Abschiebung lässt den Tatbestand des Aufenthalts ohne erforderlichen AT entfallen. Gemäß § 60 a II AufenthG ist die Abschiebung eines Ausländers auszusetzen, solange die Abschiebung aus tatsächlichen oder rechtlichen Gründen unmöglich ist und keine Aufenthaltserlaubnis erteilt wird.

1. TBM – Ausländer

Definition: Drittstaatsangehöriger ist jede Person, die weder Unions-/EWR-Bürger noch Staatsangehöriger der Schweiz ist und kein abgeleitetes Freizügigkeitsrecht in Anspruch nehmen kann, s. auch Art. 2 Nr. 6 Schengener Grenzkodex (SGK).

Als Täter kommt grundsätzlich nur der Drittausländer[12] in Betracht. Die Taten sind nicht durch EU- oder EWR-Staatsangehörige begehbar, da es an einem Verweis in § 11 I FreizügG/EU fehlt. Als Teilnehmer (= Anstiftung und Beihilfe gem. §§ 26, 27 StGB) kommt jedermann (z. B. auch der deutsche Staatsangehörige) in Betracht.

Hinweis: Eine ausführliche Subsumtion wird hier bei der Sachverhaltsbeurteilung in aller Regel nicht erforderlich sein. Von daher genügt hier eine kurze Feststellung laut Sachverhalt.

2. TBM – Einreise

Hier müssen Sie unterscheiden, an welcher Grenze der Sachverhalt spielt.

- An der Schengen-Außengrenze:

  Definition: Gemäß § 13 II S. 1 AufenthG ist ein Ausländer an einer zugelassenen Grenzübergangsstelle erst eingereist, wenn er die Grenze überschritten und die Grenzübergangsstelle passiert hat.

oder

- An der Schengen-Binnengrenze:

  Definition: Gemäß § 13 II S. 3 AufenthG ist ein Ausländer an einer Schengen-Binnengrenze eingereist, wenn er die Grenzlinie überschritten hat.

12 auch Drittstaatsangehörige genannt.

3. TBM – Entgegen der Passpflicht gem. § 14 I Nr. 1 AufenthG oder entgegen der AT-Pflicht gem. § 14 I Nr. 2 AufenthG

- **Entgegen der Passpflicht gem. § 14 I Nr. 1 AufenthG:**

  Definition: Gemäß § 3 I AufenthG muss ein Ausländer für die Einreise in das Bundesgebiet einen anerkannten und gültigen Pass oder Passersatz besitzen, es sei denn, die AufenthV (§ 14 AufenthV) bestimmt etwas anderes.

  Prüfungsreihenfolge:
  - Gültiger und anerkannter Pass/Passersatz?
  - Besitz? (*Beachte die Abgrenzung Besitz – bloßes Nicht-Mitführen*)
  - Existiert eine nationale Befreiung von der Passpflicht?
  - Ergebnis

Beachte: Ein Verstoß gegen die Mitführpflicht beim Grenzübertritt stellt eine Ordnungswidrigkeit gem. § 98 III Nr. 3 AufenthG dar.

oder

- **Entgegen der AT-Pflicht gem. § 14 I Nr. 2 AufenthG:**

  Definition: Gemäß § 4 I AufenthG benötigt grundsätzlich jeder Ausländer für die Einreise einen Aufenthaltstitel, es sei denn, das EU-Recht oder die AufenthV bestimmen etwas anderes.

  Prüfungsreihenfolge:
  - Erfordernis eines AT (Bezug zur EU-VisaVO → Positiv-/Negativstaater
  - Besitz (*Beachte die Abgrenzung Besitz – bloßes Nicht-Mitführen*)
  - Besteht eine nationale Befreiuung von der AT-Pflicht?
  - Ergebnis

§ 96 I Nr. 1 AufenthG

Gesetzestext (Auszug)

§ 96 Einschleusen von Ausländern

(1) Mit Freiheitsstrafe von drei Monaten bis zu fünf Jahren, in minder schweren Fällen mit Freiheitsstrafe bis zu fünf Jahren oder mit Geldstrafe wird bestraft, wer einen anderen anstiftet oder ihm dazu Hilfe leistet, eine Handlung

1. nach § 95 Abs. 1 Nr. 3 oder Abs. 2 Nr. 1 Buchstabe a zu begehen und
   a) dafür einen Vorteil erhält oder sich versprechen lässt oder
   b) wiederholt oder zugunsten von mehreren Ausländern handelt oder

[...]

Denkbares Fallbeispiel

Der Deutsche D nimmt in Italien zwei Nigerianer auf und verspricht ihnen, sie nach Deutschland zu bringen. Hierfür verlangt er je 500,– € „Fahrtgeld". Er weiß, dass die beiden Nigerianer ohne Pass und Aufenthaltstitel reisen.

1. TBM – Anstiftung oder Beihilfe (§§ 26, 27 StGB)

Definition: **Anstiftung** liegt vor, wenn die Einwirkung des Anstifters für den Tatentschluss des Haupttäters (*hier der, der unerlaubt einreist*) zumindest mitursächlich war.

oder

Beihilfe leistet, wer psychisch, physisch oder in sonstiger Weise derart unterstützt, dass diese Handlung (*hier die unerlaubte Einreise*) begangen wird oder begangen werden kann.

Beispiele für typische Beihilfehandlungen:

- Beschaffung von gefälschten Dokumenten (Pässe, Aufenthaltstitel)
- Befördern über die Grenze
- Abholen im Grenzgebiet
- Zusammenführen mit anderen Personen
- Beschaffen von Unterkünften

2. TBM – Zur unerlaubten Einreise (Haupttat)

- **Unerlaubte Einreise, § 95 I Nr. 3 AufenthG:**

  Zum einen ist die Beihilfe- bzw. die Anstiftungshandlung zur unerlaubten Einreise gem. § 95 I Nr. 3 AufenthG möglich. Es handelt sich um eine unerlaubte Einreise (=Haupttat) entgegen der Pass- oder/und Aufenthaltstitelpflicht (§ 14 I Nr. 1 oder Nr. 2 AufenthG).

- **Unerlaubte Einreise, § 95 II Nr. 1 AufenthG:**

  Zum anderen wäre die Beihilfe- bzw. die Anstiftungshandlung zur unerlaubten Einreise gem. § 95 II Nr. 1 Buchstabe a AufenthG möglich. Hierbei handelt es sich um die Einreise entgegen einer nationalen Wiedereinreisesperre nach § 11 I AufenthG.

Hinweis für die Sachverhaltsbeurteilung:

Je nachdem, was die Aufgabenstellung verlangt, kann ggf. die Haupttat (unerlaubte Einreise) als gegeben betrachtet werden oder diese wurde in einer anderen Aufgabe bereits geprüft. An dieser Stelle genügt ein kurzer Verweis. Geht aus der Aufgabenstellung nichts Derartiges hervor, so ist die komplette Prüfung der Tatbestände vorzunehmen.

3. TBM – Vorteil erhalten/sich versprechen lassen oder wiederholt oder zugunsten von mehreren Ausländern handeln.

§ 96 I AufenthG enthält in den Nummern 1 a und 1 b mehrere Schleusermerkmale. Es reicht für die Verwirklichung des Tatbestandes aus, wenn eines dieser Merkmale vorliegt (Formulierung **„oder"**).

- **§ 96 I Nr. 1 a AufenthG:**

  Vorteil erhalten **oder** sich versprechen lassen

  Definition: Unter einem Vorteil i. S. d. § 96 I Nr. 1 AufenthG versteht man jede unentgeltliche Leistung materieller oder immaterieller Art, die den Täter besserstellt und auf die er keinen rechtlich begründeten Anspruch hat.

oder

- **§ 96 I Nr. 1 b AufenthG:**

  Wiederholt **oder** zugunsten von mehreren Ausländern

  Definition: **Wiederholt** handelt derjenige, der mindestens eine zweite Tathandlung begeht.

oder

  Definition: **Zugunsten von mehreren Ausländern** handelt, wer zwei oder mehrere Ausländer anstiftet oder ihnen hilft.

§ 96 I Nr. 2 AufenthG

Gesetzestext (Auszug)

§ 96 Einschleusen von Ausländern

(1) Mit Freiheitsstrafe von drei Monaten bis zu fünf Jahren, in minder schweren Fällen mit Freiheitsstrafe bis zu fünf Jahren oder mit Geldstrafe wird bestraft, wer einen anderen anstiftet oder ihm dazu Hilfe leistet, eine Handlung

[...]

2. nach § 95 Abs. 1 Nr. 1 oder Nr. 2, Abs. 1 a oder Abs. 2 Nr. 1 Buchstabe b oder Nr. 2 zu begehen und dafür einen Vermögensvorteil erhält oder sich versprechen lässt.

Denkbares Fallbeispiel

Der Deutsche D hilft dem Marokkaner M über die Grenze. Beide kennen sich aus vergangenen Tagen. D weiß, dass M zwar im Besitz eines Passes ist, aber zur Zeit gegen M eine Wiedereinreisesperre vorliegt. Der D erhält dafür eine Zahlung i. H. v. 1000 €.

1. TBM – Anstiftung oder Beihilfe (§§ 26, 27 StGB)

Definition: **Anstiftung** liegt vor, wenn die Einwirkung des Anstifters für den Tatentschluss des Haupttäters (*hier der, der sich unerlaubt aufhält*) zumindest mitursächlich war.

oder

Beihilfe leistet, wer psychisch, physisch oder in sonstiger Weise derart unterstützt, dass diese Handlung (*hier der unerlaubte Aufenthalt*) begangen wird oder begangen werden kann.

2. TBM – zum unerlaubten Aufenthalt

- Zum unerlaubten Aufenthalt gem. § 95 I Nr. 1 AufenthG (unerlaubter Aufenthalt entgegen der Passpflicht)

oder

- Zum unerlaubten Aufenthalt gem. § 95 I Nr. 2 AufenthG (unerlaubter Aufenthalt entgegen der AT-Pflicht)

oder

- Zum unerlaubten Aufenthalt gem. § 95 I Buchstabe a AufenthG (Aufnahme einer unerlaubten Erwerbstätigkeit mit einem Schengen-Visum)

oder

- Zum unerlaubten Aufenthalt gem. § 95 II Nr. 1 Buchstabe b AufenthG (Aufenthalt entgegen der nationalen Wiedereinreisesperre nach § 11 I AufenthG)

oder

- Zum unerlaubten Aufenthalt gem. § 95 II Nr. 2 AufenthG (Erschleichen eines Aufenthaltstitels oder einer Duldung)

Hinweis für die Sachverhaltsbeurteilung:

Je nachdem, was die Aufgabenstellung verlangt, kann ggf. die Haupttat (unerlaubte Einreise) als gegeben betrachtet werden oder diese wurde in einer anderen Aufgabe bereits geprüft. An dieser Stelle genügt ein kurzer Verweis. Geht aus der Aufgabenstellung nichts Derartiges hervor, so ist die komplette Prüfung der Tatbestände vorzunehmen.

3. TBM – Vermögensvorteil erhalten <u>oder</u> sich versprechen lassen

Definition: Unter einem Vermögensvorteil versteht man jede günstigere Gestaltung der Vermögenslage, die der Täter noch nicht erhalten haben muss (*versprechen lassen* genügt).

Folgende Beispiele lassen sich nennen:

- Zahlung von Geld
- Verlangen von Dienstleistungen bei Ausländern, die unerlaubt einreisen, wie z. B. das Mitnehmen von Schmuggelware, Rauschgift oder Waffen über die Grenze
- Arbeitsleistung (auch Prostitution) für den Schleuser
- Erlass von Schulden.

§ 96 II AufenthG

Gesetzestext (Auszug)

§ 96 Einschleusen von Ausländern

[...]

(2) Mit Freiheitsstrafe von sechs Monaten bis zu zehn Jahren wird bestraft, wer in den Fällen des Absatzes 1

1. gewerbsmäßig handelt,
2. als Mitglied einer Bande, die sich zur fortgesetzten Begehung solcher Taten verbunden hat, handelt,
3. eine Schusswaffe bei sich führt, wenn sich die Tat auf eine Handlung nach § 95 Abs. 1 Nr. 3 oder Abs. 2 Nr. 1 Buchstabe a bezieht,
4. eine andere Waffe bei sich führt, um diese bei der Tat zu verwenden, wenn sich die Tat auf eine Handlung nach § 95 Abs. 1 Nr. 3 oder Abs. 2 Nr. 1 Buchstabe a bezieht, oder
5. den Geschleusten einer das Leben gefährdenden, unmenschlichen oder erniedrigenden Behandlung oder der Gefahr einer schweren Gesundheitsschädigung aussetzt.

[...]

In § 96 II AufenthG sind diverse Qualifikationen enthalten, die den Strafrahmen von sechs Monaten bis zehn Jahren umfassen. Aus Gründen der Übersichtlichkeit und der praktischen Relevanz wird nur ein Auszug der Qualifizierungen dargestellt.

§ 96 II Nr. 1 AufenthG → TBM: gewerbsmäßiges Handeln

Definition: Das bedeutet, dass der Täter in der Absicht handelt, sich durch die wiederholte Tatbegehung eine fortlaufende **Einnahmequelle** von einiger Dauer und einigem Umfang zu verschaffen. Denkbar ist, dass schon die erste ins Auge gefasste Tathandlung als gewerbsmäßig gewertet werden kann, wenn ein Gewinnstreben vorliegt.

§ 96 II Nr. 2 AufenthG → TBM: bandenmäßiges Handeln

Definition: Die Bande umfasst einen Zusammenschluss von **mindestens drei** Personen. Diese Personen müssen sich mit dem Willen verbunden haben, künftig für eine gewisse Dauer Straftaten des im Gesetz genannten Deliktstyps zu begehen. Der Zusammenschluss für einige Stunden genügt nicht.

§ 96 II Nr. 5 AufenthG → TBM: Der Täter setzt den oder die Geschleusten einer das Leben gefährdenden, unmenschlichen oder erniedrigenden Behandlung oder der Gefahr einer schweren Gesundheitsschädigung aus.

Bei dieser Qualifizierung handelt es sich um ein konkretes Gefährdungsdelikt, d. h. zum Eintritt der im Tatbestand bezeichneten Gefahren (nicht Schäden) muss es gekommen sein. Der Tatbestand schützt nur den oder die Geschleusten.

Folgende Beispiele lassen sich nennen:

- Transport auf der Ladefläche
- Transport in Fahrzeugen ohne Sitze oder Anschnallmöglichkeiten
- Unterbringung der Geschleusten in Kofferräumen und sonstigen Hohlräumen, in denen keine Möglichkeit besteht, die Notdurft zu verrichten oder Nahrung aufzunehmen.

Kapitel 2 – Versammlungsrecht

Nachfolgende Straftaten und Ordnungswidrigkeiten stellen eine Auswahl aus dem Versammlungsgesetz des Bundes dar. Die einzelnen Straftaten oder Ordnungswidrigkeiten in den Versammlungsgesetzen der Länder haben teilweise andere Voraussetzungen in den entsprechenden Normen.

1. Straftaten im Versammlungsrecht

Uniformverbot gem. § 3 VersammlG i. V. m. § 28 VersammlG[13]

Gesetzestext (Auszug)

§ 3 VersammlG

(1) Es ist verboten, öffentlich oder in einer Versammlung Uniformen, Uniformteile oder gleichartige Kleidungsstücke als Ausdruck einer gemeinsamen politischen Gesinnung zu tragen.

(2) Jugendverbänden, die sich vorwiegend der Jugendpflege widmen, ist auf Antrag für ihre Mitglieder eine Ausnahmegenehmigung von dem Verbot des Absatzes 1 zu erteilen. Zuständig ist bei Jugendverbänden, deren erkennbare Organisation oder Tätigkeit sich über das Gebiet eines Landes hinaus erstreckt, der Bundesminister des Innern, sonst die oberste Landesbehörde. Die Entscheidung des Bundesministers des Innern ist im Bundesanzeiger und im Gemeinsamen Ministerialblatt, die der obersten Landesbehörden in ihren amtlichen Mitteilungsblättern bekanntzumachen.

§ 28 VersammlG

Wer der Vorschrift des § 3 zuwiderhandelt, wird mit Freiheitsstrafe bis zu zwei Jahren oder mit Geldstrafe bestraft.

---

13 Angelehnt an Dürig-Friedl, Cornelia/Enders, Christoph: Versammlungsrecht. Kommentar, München 2016, §§ 3, 28.

Denkbares Fallbeispiel

Im Rahmen des sogenannten „Football Army"-Fanmarsches anlässlich der Begegnung zwischen dem Karlsruher SC und Dynamo Dresden trugen Anhänger von Dynamo Dresden militärische Uniformen auf dem Weg zum Stadion und im Stadion. Anlass dieser Aktion war der Protest der Anhänger von Dynamo Dresden gegen die Verbandspolitik des Deutschen Fußballbundes.

Einordnung des Delikts

Geschütztes Rechtsgut:	Versammlungs- und Meinungsfreiheit
Deliktscharakter:	Vergehen
Deliktsart:	Offizialdelikt
Versuch:	nicht strafbar
Rechtsfolge:	Freiheitsstrafe bis zu zwei Jahren oder Geldstrafe

1. TBM – In der Öffentlichkeit oder Versammlung

- **In der Öffentlichkeit**

  Definition: Die Möglichkeit der Erreichung einer unbestimmten Zahl von Personen.[14]

oder

- **Versammlung**

  Definition: Eine Versammlung ist die Zusammenkunft mehrerer Menschen[15] an einem Ort zu einer gemeinsamen (politischen) Meinungskundgabe.[16] Weiterhin muss die Versammlung für jedermann frei zugänglich sein.

14 Vgl. EuGH, Urteil vom 15.3.2012 – C-162/10, Rn. 33.

15 Es müssen sich mindestens zwei Personen versammeln.

16 Auf die Form kommt es nicht an. Es kann sich hierbei um eine Demonstration, Diskussionsrunden, Mahnwachen oder Aufzüge handeln.

oder

- **Aufzug**

  Definition: eine sich fortbewegende Versammlung.

2. TBM – Uniform/Uniformteile/Kleidungsstücke einer gemeinsamen politischen Gesinnung[17]

- **Uniform und Uniformteile**

  Definition: weichen von sonstigen Kleidungsstücken durch spezifische Eigenschaften, Form, Farbe, Schnitt und besondere Ausstattung ab und zeigen die Zugehörigkeit zu einer Organisation an.

- **gemeinsame politischen Gesinnung**

  Definition: Die Manifestation einer gemeinsamen politischen Meinung.

3. TBM – Tragen der o. g. Gegenstände

Definition: Ein Tragen gleichartiger Kleidungsstücke als Ausdruck gemeinsamer politischer Gesinnung liegt nur vor, wenn das Auftreten in derartigen Kleidungsstücken nach den Gesamtumständen geeignet ist, eine suggestivmilitante, einschüchternde Wirkung gegenüber anderen zu erzielen.[18]

4. TBM – Geeignetheit zur Einschüchterung

Definition: Eine entsprechende Eignung liegt vor, wenn durch das Tragen der einheitlichen Kleidungsstücke der Eindruck entstehen kann, dass die Kommunikation im Sinne eines freien Meinungsaustausches abgebrochen und die eigene Ansicht notfalls gewaltsam durchgesetzt werden soll. Richtet sich das Auftreten in einheitlichen Kleidungsstücken dabei auf eine bestimmte Zielgruppe, die beeinflusst werden soll, so kommt es

---

17 Ausgenommen sind nach dem Versammlungsgesetz des Bundes Jugendverbände der Jugendpflege, z. B. Pfadfinder.

18 BGH, Beschluss vom 11.1.2018–3 StR 427/17, 2. Leitsatz.

darauf an, ob gerade diese nach den Gesamtumständen den Auftritt in dem letztgenannten Sinne verstehen kann.[19]

Führungsverbot von Waffen oder gefährlichen Gegenständen gem. § 2 III VersammlG i. V. m. § 27 I VersammlG[20]

Gesetzestext (Auszug)

§ 2 VersammlG

[...]

(3) Niemand darf bei öffentlichen Versammlungen oder Aufzügen Waffen oder sonstige Gegenstände, die ihrer Art nach zur Verletzung von Personen oder zur Beschädigung von Sachen geeignet und bestimmt sind, mit sich führen, ohne dazu behördlich ermächtigt zu sein. Ebenso ist es verboten, ohne behördliche Ermächtigung Waffen oder die in Satz 1 genannten Gegenstände auf dem Weg zu öffentlichen Versammlungen oder Aufzügen mit sich zu führen, zu derartigen Veranstaltungen hinzuschaffen oder sie zur Verwendung bei derartigen Veranstaltungen bereitzuhalten oder zu verteilen.

§ 27 VersammlG

(1) Wer bei öffentlichen Versammlungen oder Aufzügen Waffen oder sonstige Gegenstände, die ihrer Art nach zur Verletzung von Personen oder Beschädigung von Sachen geeignet und bestimmt sind, mit sich führt, ohne dazu behördlich ermächtigt zu sein, wird mit Freiheitsstrafe bis zu einem Jahr oder mit Geldstrafe bestraft. Ebenso wird bestraft, wer ohne behördliche Ermächtigung Waffen oder sonstige Gegenstände im Sinne des Satzes 1 auf dem Weg zu öffentlichen Versammlungen oder Aufzügen mit sich führt, zu derartigen Veranstaltungen hinschafft oder sie zur Verwendung bei derartigen Veranstaltungen bereithält oder verteilt.

[...]

19 BGH, Beschluss vom 11.1.2018–3 StR 427/17, 3. Leitsatz.

20 Angelehnt an Dürig-Friedl, Cornelia/Enders, Christoph: Versammlungsrecht. Kommentar, München 2016, §§ 2, 27.

Denkbares Fallbeispiel

Im Rahmen einer Versammlung hat der X einen Totschläger in seiner Jackentasche. Als die Versammlung aufgelöst werden soll, zeigt der X den eingesetzten Beamten diesen Totschläger.

Einordnung des Delikts

Geschütztes Rechtsgut:	Versammlungs- und Meinungsfreiheit
Deliktscharakter:	Vergehen
Deliktsart:	Offizialdelikt
Versuch:	nicht strafbar
Rechtsfolge:	Freiheitsstrafe bis zu einem Jahr oder Geldstrafe

1. TBM – Öffentliche Versammlung oder Aufzüge[21]

- **Öffentliche Versammlung**

  Definition: Eine Versammlung ist die Zusammenkunft mehrerer Menschen[22] an einem Ort zu einer gemeinsamen (politischen) Meinungskundgabe.[23] Weiterhin muss die Versammlung für jedermann frei zugänglich sein (öffentlich).

oder

- **Aufzug**

  Definition: Eine sich fortbewegende Versammlung.

21 Dieser Tatbestand ist auch anzuwenden, wenn der Täter sich auf dem Weg zu einer Versammlung oder einem Aufzug befindet.

22 Es müssen sich mindestens zwei Personen versammeln.

23 Auf die Form kommt es nicht an. Es kann sich hierbei um eine Demonstration, Diskussionsrunden, Mahnwachen oder Aufzüge handeln.

2. TBM – Waffe oder (gefährliche) Gegenstände

- **Waffe**

  Definition: Waffen sind alle technischen Waffen im Sinne des § 1 WaffG sowie jeder Gegenstand, der zur Verletzung von Personen oder zur Beschädigung von Sachen geeignet ist und zu diesem Zweck mitgeführt wird.

oder

- **(gefährliche) Gegenstände**[24]

  Definition: Gegenstände, die ihrer Art nach zur Verletzung von Personen oder zur Beschädigung von Sachen geeignet und den Umständen nach dazu bestimmt sind.

3. TBM – mit sich führen/hinzuschaffen/verteilen/bereithalten

- **Mit sich führen**

  Definition: Führen ist die Ausübung der tatsächlichen Gewalt über die Waffe oder den gefährlichen Gegenstand.

oder

- **hinzuschaffen**

  Definition: Das Verbringen von Tatmitteln i. S. d. Vorschrift zu einer Versammlung.

oder

- **Verteilen**

  Definition: ist die Übergabe eines Tatmittels i. S. d. Vorschrift. Auf den Ort der Übergabe kommt es dabei nicht an.

oder

---

24 Im Rahmen der Prüfung des Vorsatzes ist darauf abzustellen, ob die Person das Tatmittel auch verwenden will. Ein Indiz für den Vorsatz ist ein Gegenstand, der üblicherweise nicht mitgeführt wird.

- **Bereithalten**

  Definition: ist die Möglichkeit, ein Tatmittel i. S. d. Vorschrift jederzeit an Dritte auszuhändigen.

4. TBM – Keine behördliche Erlaubnis

Definition: Die Person hat keine Erlaubnis der Versammlungsbehörde zum Tragen einer Waffe auf dem Weg zu, während oder auf dem Rückweg von einer Versammlung oder die Person hat keine Erlaubnis zum Tragen einer Waffe aus beruflichen Gründen.

5. TBM – auf dem Weg dorthin[25]

Definition: befindet sich jeder, der sich aus den Umständen erkennbar zielgerichtet auf den Ort der Veranstaltung oder Versammlung zu bewegt.

Verbot der Passivbewaffnung gem. § 17 a I VersammlG i. V. m. § 27 II Nr. 1 VersammlG[26]

Gesetzestext (Auszug)

§ 17 a VersammlG

(1) Es ist verboten, bei öffentlichen Versammlungen unter freiem Himmel, Aufzügen oder sonstigen öffentlichen Veranstaltungen unter freiem Himmel oder auf dem Weg dorthin Schutzwaffen oder Gegenstände, die als Schutzwaffen geeignet und den Umständen nach dazu bestimmt sind, Vollstreckungsmaßnahmen eines Trägers von Hoheitsbefugnissen abzuwehren, mit sich zu führen.

[...]

25 Dieses Tatbestandsmerkmal muss nur geprüft werden, wenn der oder die Täter sich noch nicht in einer Versammlung befinden.

26 Angelehnt an Dürig-Friedl, Cornelia/Enders, Christoph: Versammlungsrecht. Kommentar, München 2016, §§ 17a, 27.

§ 27 VersammlG

[…]

(2) Wer

1. entgegen § 17 a Abs. 1 bei öffentlichen Versammlungen unter freiem Himmel, Aufzügen oder sonstigen öffentlichen Veranstaltungen unter freiem Himmel oder auf dem Weg dorthin Schutzwaffen oder Gegenstände, die als Schutzwaffen geeignet und den Umständen nach dazu bestimmt sind, Vollstreckungsmaßnahmen eines Trägers von Hoheitsbefugnissen abzuwehren, mit sich führt,

[…]

Denkbares Fallbeispiel

Im Rahmen einer Links-Rechts-Demo wurden im Vorfeld von beiden Seiten Gewalttaten gegenüber der anderen Gruppe im Internet angekündigt. Am Tag der Versammlung tritt eine Gruppe von Männern mit Motorradhelmen, Brustpanzer und Schienbeinschonern auf.

Einordnung des Delikts

Geschütztes Rechtsgut:	Versammlungs- und Meinungsfreiheit
Deliktscharakter:	Vergehen
Deliktsart:	Offizialdelikt
Versuch:	nicht strafbar
Rechtsfolge:	Freiheitsstrafe bis zu einem Jahr oder Geldstrafe

1. TBM – Öffentliche Versammlung/Veranstaltung unter freiem Himmel[27]

- **Versammlung**

  Definition: Eine Versammlung ist die Zusammenkunft mehrerer Menschen[28] an einem Ort zu einer gemeinsamen (politischen) Meinungskundgabe.[29] Weiterhin muss die Versammlung für jedermann frei zugänglich sein (öffentlich).

- **Unter freiem Himmel**

  Definition: Die Versammlung muss sich in alle Richtungen ausdehnen und zerstreuen können. Auf eine Begrenzung nach oben kommt es nicht an.

oder

- **Aufzug**

  Definition: Eine sich fortbewegende Versammlung.

- **Unter freiem Himmel**

  Definition: Die Versammlung muss sich in alle Richtungen ausdehnen und zerstreuen können. Auf eine Begrenzung nach oben kommt es nicht an.

oder

- **Öffentliche Veranstaltung unter freiem Himmel**

  Definition: Sonstige Zusammenkünfte von mehreren Menschen ohne den Zweck der politischen Meinungskundgabe.

---

27 Dieser Tatbestand ist auch anzuwenden, wenn der Täter sich auf dem Weg zu einer öffentlichen Versammlung/Veranstaltung unter freiem Himmel befindet.

28 Es müssen sich mindestens zwei Personen versammeln.

29 Auf die Form kommt es nicht an. Es kann sich hierbei um eine Demonstration, Diskussionsrunden, Mahnwachen oder um Aufzüge handeln.

- **Unter freiem Himmel**

  Definition: Die Versammlung muss sich in alle Richtungen ausdehnen und zerstreuen können. Auf eine Begrenzung nach oben kommt es nicht an.

2. TBM – Führen

Definition: Führen ist die Ausübung der tatsächlichen Gewalt über die Schutzwaffe oder den sonstigen geeigneten Gegenstand.

3. TBM – Schutzwaffe oder sonst. geeigneter Gegenstand

- **Schutzwaffe**

  Definition: Keine Waffe im technischen Sinne, sondern Gegenstände, die durch ihre Konstruktion oder aufgrund von besonderen Merkmalen dazu bestimmt sind, dem Schutz des Körpers als Schutzausrüstung gegen kämpferische Angriffe zu dienen.

oder

- **Sonstiger geeigneter Gegenstand**

  Definition: Gegenstand, der als Schutzwaffe geeignet und den Umständen nach dazu bestimmt ist, Vollstreckungsmaßnahmen eines Trägers von Hoheitsbefugnissen abzuwehren.

4. TBM – Keine Ausnahme

- **Keine Ausnahmen**

  Definition: Denkbare Ausnahmen sind beispielsweise althergebrachte Volksfeste.

Vermummungsverbot gem. § 17 a II Nr. 1 VersammlG i. V. m. § 27 II Nr. 2 VersammlG[30]

Gesetzestext (Auszug)

§ 17 a VersammlG

[…]

(2) Es ist auch verboten,

1. an derartigen Veranstaltungen in einer Aufmachung, die geeignet und den Umständen nach darauf gerichtet ist, die Feststellung der Identität zu verhindern, teilzunehmen oder den Weg zu derartigen Veranstaltungen in einer solchen Aufmachung zurückzulegen.

[…]

§ 27 VersammlG

(2) Wer

[…]

1. entgegen § 17 a Abs. 2 Nr. 1 an derartigen Veranstaltungen in einer Aufmachung, die geeignet und den Umständen nach darauf gerichtet ist, die Feststellung der Identität zu verhindern, teilnimmt oder den Weg zu derartigen Veranstaltungen in einer solchen Aufmachung zurücklegt oder

[…]

Denkbares Fallbeispiel

Im Rahmen einer Versammlung tritt eine Gruppe, bekleidet mit Sturmmasken, auf.

30 Angelehnt an Dürig-Friedl, Cornelia/Enders, Christoph: Versammlungsrecht. Kommentar, München 2016, §§ 17a, 27.

Einordnung des Delikts

Geschütztes Rechtsgut:	Versammlungs- und Meinungsfreiheit
Deliktscharakter:	Vergehen
Deliktsart:	Offizialdelikt
Versuch:	nicht strafbar
Rechtsfolge:	Freiheitsstrafe bis zu einem Jahr oder Geldstrafe

1. TBM – Öffentliche Versammlung/Veranstaltung unter freiem Himmel

- **Öffentliche Versammlung unter freiem Himmel**

  Definition: Eine Versammlung ist die Zusammenkunft mehrerer Menschen[31] an einem Ort zu einer gemeinsamen (politischen) Meinungskundgabe.[32] Weiterhin muss die Versammlung für jedermann frei zugänglich sein (öffentlich).

- **Unter freiem Himmel**

  Definition: Die Versammlung muss sich in alle Richtungen ausdehnen und zerstreuen können. Auf eine Begrenzung nach oben kommt es nicht an.

oder

- **Aufzug**

  Definition: Eine sich fortbewegende Versammlung.

- **Unter freiem Himmel**

  Definition: Die Versammlung muss sich in alle Richtungen ausdehnen und zerstreuen können. Auf eine Begrenzung nach oben kommt es nicht an.

oder

---

31 Es müssen sich mindestens zwei Personen versammeln.

32 Auf die Form kommt es nicht an. Es kann sich hierbei um eine Demonstration, Diskussionsrunden, Mahnwachen oder Aufzüge handeln.

- **Öffentliche Veranstaltung unter freiem Himmel**

  Definition: Sonstige Zusammenkünfte von mehreren Menschen ohne den Zweck der politischen Meinungskundgabe.

- **Unter freiem Himmel**

  Definition: Die Versammlung muss sich in alle Richtungen ausdehnen und zerstreuen können. Auf eine Begrenzung nach oben kommt es nicht an.

2. TBM – Aufmachung, die die Identitätsfeststellung verhindert

- **Aufmachung, die die Identitätsfeststellung verhindert**

  Definition: Es muss sich um eine Aufmachung handeln, die geeignet und den Umständen nach darauf gerichtet ist, die Feststellung der Identität zu verhindern.

3. TBM – Tragen

- **Tragen**

  Definition: ist das Anlegen einer solchen Aufmachung, die die Identitätsfeststellung verhindert.

4. TBM – Teilnahme oder auf dem Weg dorthin

- **Teilnahme**

  Definition: Die aktive oder passive Beteiligung an einer bereits stattfindenden Versammlung.

oder

- **Auf dem Weg dorthin**

  Definition: befindet sich jeder, der sich aus den Umständen erkennbar zielgerichtet auf den Ort der Veranstaltung oder Versammlung zu bewegt.

5. TBM – Keine Ausnahme

- Keine Ausnahmen

  Definition: Denkbare Ausnahmen sind beispielsweise althergebrachte Volksfeste.

Verbot der Zusammenrottung gem. § 27 II Nr. 3 VersammlG[33]

Gesetzestext (Auszug)

§ 27 VersammlG

[…]

1.

2.

3. sich im Anschluß an oder sonst im Zusammenhang mit derartigen Veranstaltungen mit anderen zusammenrottet und dabei
   a) Waffen oder sonstige Gegenstände, die ihrer Art nach zur Verletzung von Personen oder Beschädigung von Sachen geeignet und bestimmt sind, mit sich führt,
   b) Schutzwaffen oder sonstige in Nummer 1 bezeichnete Gegenstände mit sich führt oder
   c) in der in Nummer 2 bezeichneten Weise aufgemacht ist,

[…]

Denkbares Fallbeispiel

Nach Beendigung einer Versammlung hat sich eine Gruppe von fünf Männern am Hauptbahnhof Hamburg zusammengefunden. Plötzlich ziehen die Männer Metallstangen und beginnen, sich in einem Drogeriemarkt am Hauptbahnhof Hamburg bedrohlich aufzustellen.

---

33 Angelehnt an Dürig-Friedl, Cornelia/Enders, Christoph: Versammlungsrecht. Kommentar, München 2016, § 27.

Einordnung des Delikts

Geschütztes Rechtsgut:	Versammlungs- und Meinungsfreiheit
Deliktscharakter:	Vergehen
Deliktsart:	Offizialdelikt
Versuch:	nicht strafbar
Rechtsfolge:	Freiheitsstrafe bis zu einem Jahr oder Geldstrafe

1. TBM – Öffentliche Versammlung/Veranstaltung unter freiem Himmel

- **Öffentliche Versammlung**

  Definition: Eine Versammlung ist die Zusammenkunft mehrerer Menschen[34] an einem Ort zu einer gemeinsamen (politischen) Meinungskundgabe.[35] Weiterhin muss die Versammlung für jedermann frei zugänglich sein (öffentlich).

- **Unter freiem Himmel**

  Definition: Die Versammlung muss sich in alle Richtungen ausdehnen und zerstreuen können. Auf eine Begrenzung nach oben kommt es nicht an.

oder

- **Aufzug**

  Definition: Eine sich fortbewegende Versammlung.

- **Unter freiem Himmel**

  Definition: Die Versammlung muss sich in alle Richtungen ausdehnen und zerstreuen können. Auf eine Begrenzung nach oben kommt es nicht an.

oder

34 Es müssen sich mindestens zwei Personen versammeln.

35 Auf die Form kommt es nicht an. Es kann sich hierbei um eine Demonstration, Diskussionsrunden, Mahnwachen oder Aufzüge handeln.

- **Öffentliche Veranstaltung unter freiem Himmel**

  Definition: Sonstige Zusammenkünfte von mehreren Menschen ohne den Zweck der politischen Meinungskundgabe.

- **Unter freiem Himmel**

  Definition: Die Versammlung muss sich in alle Richtungen ausdehnen und zerstreuen können. Auf eine Begrenzung nach oben kommt es nicht an.

2. TBM – im Anschluss oder in sonstigem Zusammenhang

- **Im Anschluss**

  Definition: Nach Beendigung der Versammlung.

oder

- **In sonstigem Zusammenhang**

  Definition: Im Vorfeld, während oder in sonstiger Weise zu einer Versammlung.

3. TBM – Zusammenrotten

- **Zusammenrotten**

  Definition: Zusammenrotten ist der Zusammenschluss zu einem gemeinschaftlich friedensstörenden Handeln.

4. TBM – Tathandlung

- **Waffe mitführen**

  Definition Waffe: Waffen sind alle technischen Waffen im Sinne des § 1 WaffG sowie jeder Gegenstand, der zur Verletzung von Personen oder zur Beschädigung von Sachen geeignet ist und zu diesem Zweck mitgeführt wird.

  Definition Führen: Führen ist die Ausübung der tatsächlichen Gewalt über die Waffe.

oder

- **Schutzwaffe mitführen**

  Definition Schutzwaffe: Keine Waffe im technischen Sinne, sondern Gegenstände, die durch ihre Konstruktion oder aufgrund von besonderen Merkmalen dazu bestimmt sind, dem Schutz des Körpers als Schutzausrüstung gegen kämpferische Angriffe zu dienen.

oder

- **Sonstiger geeigneter Gegenstand**

  Definition: Gegenstand, der als Schutzwaffe geeignet und den Umständen nach dazu bestimmt ist, Vollstreckungsmaßnahmen eines Trägers von Hoheitsbefugnissen abzuwehren.

  Definition Führen: Führen ist die Ausübung der tatsächlichen Gewalt über die Schutzwaffe.

oder

- **Vermummung trägt**

  Definition Vermummung: Jedes künstliche Mittel, mit dem insbesondere die Gesichtszüge unkenntlich gemacht oder verborgen werden.

  Definition Tragen: ist das Anlegen einer solchen Aufmachung, die die Identitätsfeststellung verhindert.

2. Ordnungswidrigkeiten im Versammlungsrecht

Mitführverbot von Vermummungsgegenständen gem. § 17 a II Nr. 2 VersammlG i. V. m. § 29 I Nr. 1 a VersammlG[36]

Gesetzestext (Auszug)

§ 17 a VersammlG

[…]

(2) Es ist auch verboten,

[…]

1.

2. bei derartigen Veranstaltungen oder auf dem Weg dorthin Gegenstände mit sich zu führen, die geeignet und den Umständen nach dazu bestimmt sind, die Feststellung der Identität zu verhindern.

[…]

§ 29 VersammlG

(1) Ordnungswidrig handelt, wer

[…]

1a. entgegen § 17 a Abs. 2 Nr. 2 bei einer öffentlichen Versammlung unter freiem Himmel, einem Aufzug oder einer sonstigen öffentlichen Veranstaltung unter freiem Himmel oder auf dem Weg dorthin Gegenstände, die geeignet und den Umständen nach dazu bestimmt sind, die Feststellung der Identität zu verhindern, mit sich führt.

[…]

36 Angelehnt an Dürig-Friedl, Cornelia/Enders, Christoph: Versammlungsrecht. Kommentar, München 2016, §§ 17a, 29.

Denkbares Fallbeispiel

Im Rahmen einer Kontrolle im Vorfeld zu einer Versammlung werden bei einer Gruppe in den Rucksäcken mehrere Sturmmasken aufgefunden.

1. TBM – Öffentliche Versammlung/Veranstaltung unter freiem Himmel[37]

- **Öffentliche Versammlung**

  Definition: Eine Versammlung ist die Zusammenkunft mehrerer Menschen[38] an einem Ort zu einer gemeinsamen (politischen) Meinungskundgabe.[39] Weiterhin muss die Versammlung für jedermann frei zugänglich sein (öffentlich).

- **Unter freiem Himmel**

  Definition: Die Versammlung muss sich in alle Richtungen ausdehnen und zerstreuen können. Auf eine Begrenzung nach oben kommt es nicht an.

oder

- **Aufzug**

  Definition: Eine sich fortbewegende Versammlung.

- **Unter freiem Himmel**

  Definition: Die Versammlung muss sich in alle Richtungen ausdehnen und zerstreuen können. Auf eine Begrenzung nach oben kommt es nicht an.

oder

---

37 Dieser Tatbestand ist auch anzuwenden, wenn der Täter sich auf dem Weg zu einer öffentlichen Versammlung/Veranstaltung unter freiem Himmel befindet.

38 Es müssen sich mindestens zwei Personen versammeln.

39 Auf die Form kommt es nicht an. Es kann sich hierbei um eine Demonstration, Diskussionsrunden, Mahnwachen oder Aufzüge handeln.

- **Öffentliche Veranstaltung unter freiem Himmel**

  Definition: Sonstige Zusammenkünfte von mehreren Menschen ohne den Zweck der politischen Meinungskundgabe.

- **Unter freiem Himmel**

  Definition: Die Versammlung muss sich in alle Richtungen ausdehnen und zerstreuen können. Auf eine Begrenzung nach oben kommt es nicht an.

2. TBM – Aufmachung, die die Identitätsfeststellung verhindert

- **Aufmachung, die die Identitätsfeststellung verhindert**

  Definition: Es muss sich um eine Aufmachung handeln, die geeignet und den Umständen nach darauf gerichtet ist, die Feststellung der Identität zu verhindern.

3. TBM – Führen

- **Führen**

  Definition: Führen ist die Ausübung der tatsächlichen Gewalt über die Aufmachung, die die Identitätsfeststellung verhindern soll.

4. TBM – Keine Ausnahme

- **Keine Ausnahmen**

  Definition: Denkbare Ausnahmen sind beispielsweise althergebrachte Volksfeste.

Kapitel 3 – Luftsicherheitsrecht

1. Grundlegende Definitionen (im Luftsicherheitsrecht)

Beleihung

Diese ist geregelt in § 16 a LuftSiG. Danach kann die Luftsicherheitsbehörde natürlichen Personen sowie teilrechtsfähigen Vereinigungen und juristischen Personen des Privatrechts die Wahrnehmung von bestimmten, in § 16 a I LuftSiG genannten Aufgaben übertragen. Dazu zählen u. a. bestimmte Aufgaben bei der Durchführung von Sicherheitsmaßnahmen nach § 5 I bis III LuftSiG.

Haager Übereinkommen

Übereinkommen vom 16. Dezember 1970. Dieses legt die Maßnahmen zur Bekämpfung der widerrechtlichen Inbesitznahme von Luftfahrzeugen fest. Darüber hinaus wurde der Tatbestand der Flugzeugentführung inkl. Versuch und Beteiligung international festgeschrieben.

IATA

Abkürzung für „**I**nternational **A**ir **T**ransport **A**ssociation". Diese wurde am 19. April 1945 in Havanna/Kuba als unpolitischer Dachverband der Luftfahrtunternehmen gegründet. Die Mitgliedschaft ist freiwillig.

ICAO

Abkürzung für „**I**nternational **C**ivil **A**viation **O**rganization". Sie ist das Ergebnis einer internationalen Staatenkonferenz in Chicago (Chicagoer Abkommen) aller im Krieg gegen die Achsenmächte stehenden Staaten sowie der neutralen und ist am 4. April 1947 in Kraft getreten. Am 13. Mai 1947 erhielt die ICAO den Status einer Sonderorganisation der Vereinten Nationen. Wesentliche Auswirkungen in Bezug auf die Luftsicherheit waren u. a.:

- Rückbeförderungspflicht der Luftfahrtunternehmen im Falle einer Einreiseverweigerung.[40]
- Pflicht der Beförderungsunternehmen, dafür zu sorgen, dass Fluggäste beim Einsteigen im Besitz der vorgesehenen Einreisedokumente für den Zielstaat sind.[41]
- Einheitliche Form des Reisepasses sowie der Prüfziffer.

Landseite

dies umfasst den sog. öffentlichen Bereich eines Flughafens. Dieser Bereich ist kein Sicherheitsbereich und jedermann kann ohne Kontrolle, ohne Ausweis und ohne Gepäck diesen Bereich betreten und verlassen.

Beispiele:

- Check-in-Bereich
- Ankunftsbereich(e)
- Besucherterrasse

Luftfahrzeugführer

Der Luftfahrzeugführer trägt die Verantwortung für die Aufrechterhaltung der Sicherheit und Ordnung an Bord des im Flug (inkl. Start und Landung) befindlichen Luftfahrzeuges. Dem Luftfahrzeugführer wird hoheitliche Rechtsmacht bis hin zur Anwendung von Zwangsmaßnahmen übertragen, § 12 II LuftSiG. Er ist sozusagen Beliehener kraft Gesetzes. Ausgeschlossen ist jedoch die Schusswaffe. Diese ist Polizeivollzugsbeamten, insbesondere Flugsicherheitsbegleitern vorbehalten.

---

40 So heißt es in § 64 I AufenthG: Wird ein Ausländer zurückgewiesen, so hat ihn der Beförderungsunternehmer, der ihn an die Grenze befördert hat, unverzüglich außer Landes zu bringen.

41 Gemäß § 63 I AufenthG darf ein Beförderungsunternehmer Ausländer nur dann in das Bundesgebiet befördern, wenn sie im Besitz eines erforderlichen Passes und eines erforderlichen Aufenthaltstitels sind. Zuwiderhandlungen können ein Zwangsgeld nach sich ziehen, siehe dazu auch § 63 II und III AufenthG.

Luftseite

dieser Bereich ist nur zugänglich für Fluggäste mit gültiger Bordkarte sowie für die Beschäftigten mit entsprechenden Ausweisen. Die Bordkartenkontrolle (sog. § 8-Linie, gem. § 8 LuftSiG) ist die erste Zugangsbeschränkung für die Fluggäste. Für die Beschäftigten gibt es ebenfalls diese Zutrittskontrolle.

Der Fluggast gelangt nach dem Passieren der Bordkartenkontrolle und dem Zurücklegen einer bestimmten Strecke zum Eingangsbereich der jeweiligen Luftsicherheitskontrollstelle (sog. § 5-Linie, gem. § 5 LuftSiG).

Montrealer Abkommen

Dieses Abkommen vom 23. September 1971 regelt die Bekämpfung widerrechtlicher Handlungen gegen die Sicherheit der Zivilluftfahrt, insbesondere die Sabotage gegen im Flug bzw. im Einsatz befindliche Luftfahrzeuge sowie gegen Flugnavigationseinrichtungen.

NLSP

Nationales Luftsicherheitsprogramm – Mit diesem soll gewährleistet werden, dass unter Beachtung der nationalen Gegebenheiten die gemeinsamen Grundstandards für den Schutz der Zivilluftfahrt vor unrechtmäßigen Eingriffen (Art. 4 I VO [EG] Nr. 300/2008) ergebnisorientiert und effizient angewandt werden.

Renegade

Renegade (engl. abtrünnig, Überläufer) – RENEGADE-Flugzeuge sind zivile Luftfahrzeuge, die zu terroristischen oder anders motivierten Zwecken als Waffe für einen gezielten Absturz missbraucht werden. Der Begriff hat sich 2002 infolge der Terroranschläge vom 11. September 2001 etabliert. Terroristen nutzen dabei insbesondere die kinetische Energie des Flugzeuges und die Brennbarkeit des Kerosins. Die größtmögliche Wirkung (aus der Sicht der Terroristen) ist eine hohe Zahl an Opfern bei Passagieren, dem fliegenden Personal und den angegriffenen Personen am Boden zu erreichen.

Safety

bei dem Begriff Safety geht es um die Abwehr von Gefahren, die ihren Ursprung im Luftverkehr selbst haben (sog. innere Gefahren). Safety ist primäre Aufgabe der Landespolizei.

Beispiele:

- Im Flughafenrestaurant bricht zwischen Gästen eine gewaltsame Auseinandersetzung aus.
- Eine Person will sich im Terminalbereich durch einen Sprung von einer Empore das Leben nehmen.
- Notlandung eines Luftfahrzeuges wegen eines technisch bedingten Triebwerksausfalls.

Security

bei dem Begriff Security geht es um die Abwehr von Gefahren, die ihren Ursprung nicht im Luftverkehr selbst haben. Diese Gefahren wirken von außen auf den Luftverkehr ein. Security ist Aufgabe der Bundespolizei (auf bestimmten deutschen Flughäfen mit bestimmten Befugnissen). Die wesentlichen Regelungen dazu finden sich im LuftSiG.

Beispiel: Im öffentlich zugänglichen Terminalbereich des Flughafens Hamburg wird ein verdächtiger Koffer aufgefunden.

Sensible Teile der Sicherheitsbereiche

diese umfassen nur Räumlichkeiten, die kontrollierten abfliegenden Fluggästen zugänglich sind, z. B.

- Luftfahrzeuge
- Busse
- Fluggastfinger
- Fluggastbrücken

Sicherheitsbereich

ist der Teil der Luftseite, für den nicht nur *eine* Zugangsbeschränkung (Bordkartenkontrolle) besteht. Die Luftsicherheitskontrollstelle befindet sich an der Grenze zum Sicherheitsbereich. Diese Kontrollstelle dient dazu, Fluggäste und deren Handgepäck zu kontrollieren. Der Sicherheitsbereich umfasst u. a.:

- Abfluggates
- Wartebereiche
- Duty-Free-Shops
- Vorfeld
- Start- und Landebahnen

Tokioter Abkommen

Dieses Abkommen vom 14. September 1963 wird auch als „Abkommen über strafbare und bestimmte andere an Bord von Luftfahrzeugen begangene Handlungen" bezeichnet. Die wesentlichen Auswirkungen waren:

- Das Flaggenprinzip.
- Festlegungen zur Gerichtsbarkeit.
- Regelung der Befugnisse des Luftfahrzeugkommandanten zur Abwehr von Gefahren und Herstellung der Ordnung an Bord sowie die Zwangsanwendung.[42]

Unruly Passenger

ist ein Fluggast, der gegenüber anderen Fluggästen oder der Besatzung aggressiv oder gewalttätig wird oder das Flugzeug beschädigt oder am Flughafen randaliert. Gründe können u. a. sein: Alkoholkonsum, Drogen, Stress, Überforderung, lange Wartezeiten oder Verspätungen.

---

42 Siehe dazu auch § 12 LuftSiG – Aufgaben und Befugnisse des verantwortlichen Luftfahrzeugführers.

2. Straftaten im Luftsicherheitsrecht

§ 19 I LuftSiG

Gesetzestext (Auszug)

§ 19 Strafvorschriften

(1) Wer entgegen § 11 Absatz 1 Satz 1 einen dort genannten Gegenstand in einem Luftfahrzeug oder auf einem Flugplatz in einem Bereich der Luftseite, der zugleich Sicherheitsbereich ist, mit sich führt oder an sich trägt, wird mit Freiheitsstrafe bis zu zwei Jahren oder mit Geldstrafe bestraft.

[...]

Denkbares Fallbeispiel

Im Rahmen einer Kontrolle durch Bundespolizisten im Sicherheitsbereich des Flughafens Hamburg wird festgestellt, dass ein Reisender ein Deko-Handgranaten-Feuerzeug mit sich führt.

1. TBM – Gegenstand i. S. d. § 11 I S. 1 LuftSiG

- § 11 I S. 1 **Nr. 1** LuftSiG umfasst Schuss-, Hieb- und Stoßwaffen sowie Sprühgeräte, die zu Angriffs- oder Verteidigungszwecken verwendet werden können.
- § 11 I S. 1 **Nr. 2** LuftSiG umfasst Sprengstoffe, Munition, Zündkapseln, brennbare Flüssigkeiten, ätzende oder giftige Stoffe, Gase in Behältern sowie sonstige Stoffe, die allein oder zusammen mit anderen Gegenständen eine Explosion oder einen Brand verursachen können.
- § 11 I S. 1 **Nr. 3** LuftSiG umfasst Gegenstände, die ihrer äußeren Form oder ihrer Kennzeichnung nach den Anschein von Waffen, Munition oder explosionsgefährlichen Stoffen erwecken.

- § 11 I S. 1 **Nr. 4** LuftSiG umfasst sonstige in der Anlage 4-C zu Kapitel 4 des Anhangs der Durchführungsverordnung (EU) 2015/1998 genannte Gegenstände.

2. TBM – Örtlichkeit: In einem Luftfahrzeug oder auf dem Flugplatz im Bereich der Luftseite, der zugleich Sicherheitsbereich ist

- **Flugplatz im Bereich der Luftseite, der zugleich Sicherheitsbereich ist**

  Definition: ist der Teil der Luftseite, für den nicht nur *eine* Zugangsbeschränkung (Bordkartenkontrolle) besteht. Die Luftsicherheitskontrollstelle (sog. § 5-Linie) befindet sich an der Grenze zum Sicherheitsbereich. Es sind damit alle Räume und Objekte gemeint, die nach der Luftsicherheitskontrollstelle sind.

oder

- **Luftfahrzeug**

  Gem. § 1 II LuftVG sind Luftfahrzeuge u. a. Flugzeuge, Segelflugzeuge, Motorsegler, Flugmodelle, Luftsportgeräte und sonstige für die Benutzung des Luftraums bestimmte Geräte, sofern sie in Höhen von mehr als dreißig Metern über Grund oder Wasser betrieben werden können. Raumfahrzeuge, Raketen und ähnliche Flugkörper gelten als Luftfahrzeuge, solange sie sich im Luftraum befinden. Ebenfalls als Luftfahrzeuge gelten unbemannte Fluggeräte einschließlich ihrer Kontrollstation, die nicht zu Zwecken des Sports oder der Freizeitgestaltung betrieben werden (unbemannte Luftfahrtsysteme).

3. TBM – mitführt oder an sich trägt

- **Mitführen**

  Definition: ist die Ausübung der tatsächlichen Gewalt über den Gegenstand (wie z. B. Mitführen im Handgepäck)

oder

- **An sich tragen**

  Definition: ist enger gefasst als das Mitführen und meint die unmittelbare Zugriffsmöglichkeit auf den Gegenstand durch Tragen am Körper oder in der Kleidung der Person.

3. Befugnisse im Luftsicherheitsrecht

Gesetzestext (Auszug)

§ 5 Besondere Befugnisse der Luftsicherheitsbehörden

(1) Die Luftsicherheitsbehörde kann Personen, welche den Sicherheitsbereich des Flugplatzes betreten haben oder betreten wollen, durchsuchen oder in sonstiger geeigneter Weise überprüfen. Sie kann Gegenstände durchsuchen, durchleuchten oder in sonstiger geeigneter Weise überprüfen, die in diese Bereiche verbracht wurden oder werden sollen. Die Luftsicherheitsbehörde kann die Orte, an denen die Sicherheitskontrollen stattfinden, durch bewaffnete Polizeivollzugsbeamte schützen, die Sicherheitsbereiche des Flughafens bestreifen und gefährdete Flugzeuge durch bewaffnete Standposten sichern.

(2) Die Luftsicherheitsbehörde kann Fluggäste, Mitarbeiter der Flugplatzbetreiber, der Luftfahrtunternehmen und anderer Unternehmen sowie sonstige Personen, welche die Luftseite des Flugplatzes betreten haben oder betreten wollen, insbesondere anhalten und aus diesen Bereichen verweisen, wenn diese Personen

1. ihre Berechtigung zum Betreten nicht nachweisen,
2. eine Durchsuchung ihrer Person und mitgeführter Gegenstände oder deren Überprüfung in sonstiger geeigneter Weise vor dem Betreten des Sicherheitsbereichs durch die Luftsicherheitsbehörde nach den in § 11 Abs. 1 genannten Gegenständen ablehnen oder

3. in § 11 Abs. 1 genannte Gegenstände oder sonstige Gegenstände, die bei der Durchsuchung oder Überprüfung festgestellt werden und die sich zu Angriffen auf Personen oder zur Beschädigung von Luftfahrzeugen eignen, nicht außerhalb des Sicherheitsbereichs des Flugplatzes zurücklassen oder nicht dem Luftfahrtunternehmen zur Beförderung übergeben.

[…]

§ 5 I LuftSiG

Einzige Voraussetzung des § 5 I LuftSiG ist, dass eine Person den Sicherheitsbereich des Flughafens bereits betreten hat oder betreten will. Eine konkrete Gefahrenlage wird nicht vorausgesetzt. Die Rechtsfolge ist, dass die Luftsicherheitsbehörde die Person durchsuchen oder in sonstiger geeigneter Weise überprüfen kann.

Voraussetzung – Person will oder hat bereits den Sicherheitsbereich des Flughafens betreten

Definition: ist der Teil der Luftseite, für den nicht nur *eine* Zugangsbeschränkung (Bordkartenkontrolle) besteht. Die Luftsicherheitskontrollstelle (sog. § 5-Linie) befindet sich an der Grenze zum Sicherheitsbereich. Es sind damit alle Räume und Objekte gemeint, die nach der Luftsicherheitskontrollstelle sind.

§ 5 II Nr. 1 LuftSiG

Rechtsfolge von § 5 II LuftSiG: Die Luftsicherheitsbehörde kann Fluggäste, Mitarbeiter der Flugplatzbetreiber, der Luftfahrtunternehmen und anderer Unternehmen sowie sonstige Personen, welche die Luftseite des Flugplatzes betreten haben oder betreten wollen, insbesondere anhalten und aus diesen Bereichen verweisen.

Voraussetzung – Person kann ihre Berechtigung zum Betreten der Luftseite nicht nachweisen

Definition: Dieser Bereich ist nur zugänglich für Fluggäste mit gültiger Bordkarte sowie für die Beschäftigten mit entsprechenden Ausweisen. Die Bordkartenkontrolle (sog. § 8-Linie, gem. § 8 LuftSiG) ist die erste Zugangsbeschränkung für die Fluggäste. Für die Beschäftigten gibt es ebenfalls diese Zutrittskontrolle.

§ 5 II Nr. 2 LuftSiG

Voraussetzung – Person lehnt vor dem Betreten des Sicherheitsbereichs die Durchsuchung von sich bzw. von mitgeführten Gegenständen ab

Definition: Die Person möchte sich nicht kontrollieren/überprüfen lassen.

§ 5 II Nr. 3 LuftSiG

1. Voraussetzung – Bei der Kontrolle werden Gegenstände nach § 11 I LuftSiG aufgefunden

- § 11 I S. 1 **Nr. 1** LuftSiG

  umfasst Schuss-, Hieb- und Stoßwaffen sowie Sprühgeräte, die zu Angriffs- oder Verteidigungszwecken verwendet werden können.

- § 11 I S. 1 **Nr. 2** LuftSiG

  umfasst Sprengstoffe, Munition, Zündkapseln, brennbare Flüssigkeiten, ätzende oder giftige Stoffe, Gase in Behältern sowie sonstige Stoffe, die allein oder zusammen mit anderen Gegenständen eine Explosion oder einen Brand verursachen können.

- § 11 I S. 1 **Nr. 3** LuftSiG

  umfasst Gegenstände, die ihrer äußeren Form oder ihrer Kennzeichnung nach den Anschein von Waffen, Munition oder explosionsgefährlichen Stoffen erwecken.

- § 11 I S. 1 **Nr. 4** LuftSiG

  umfasst sonstige in der Anlage 4-C zu Kapitel 4 des Anhangs der Durchführungsverordnung (EU) 2015/1998 genannten Gegenstände.

2. Voraussetzung – Person möchte die aufgefundenen Gegenstände nicht außerhalb des Sicherheitsbereichs des Flugplatzes zurücklassen oder **nicht dem Luftfahrtunternehmen zur Beförderung übergeben.**

Sofern technisch möglich (Brandgefahr etc.) und sofern der Gegenstand nicht schon nach dem Waffengesetz verboten ist, wäre es möglich, den Gegenstand zum Beispiel begleitenden Angehörigen zu übergeben, die nicht fliegen wollen und nur Begleiter sind. Alternativ bestünde auch unter den o. g. Voraussetzungen die Möglichkeit, den Gegenstand bei der Airline im Reisegepäck aufzugeben.

Sofern die Person dies **nicht** möchte, greift die Rechtsfolge (Verweis auf die Landseite des Flughafens).

Kapitel 4 – Betäubungsmittelrecht[43]

§ 29 I BtmG

Gesetzestext (Auszug)

§ 29 Straftaten

(1) Mit Freiheitsstrafe bis zu fünf Jahren oder mit Geldstrafe wird bestraft, wer

1. Betäubungsmittel unerlaubt [...], herstellt, mit ihnen Handel treibt, sie, ohne Handel zu treiben, einführt, ausführt, veräußert, abgibt, sonst in den Verkehr bringt, erwirbt oder sich in sonstiger Weise verschafft,
2. [...]
3. Betäubungsmittel besitzt, ohne zugleich im Besitz einer schriftlichen Erlaubnis für den Erwerb zu sein,
4. [...]
5. entgegen § 11 Abs. 1 Satz 2 Betäubungsmittel durchführt,

[...]

§ 11 Einfuhr, Ausfuhr und Durchfuhr

(1) Wer Betäubungsmittel im Einzelfall einführen oder ausführen will, bedarf dazu neben der erforderlichen Erlaubnis nach § 3 einer Genehmigung des Bundesinstitutes für Arzneimittel und Medizinprodukte. Betäubungsmittel dürfen durch den Geltungsbereich dieses Gesetzes nur unter zollamtlicher Überwachung ohne weiteren als den durch die Beförderung oder den Umschlag bedingten Aufenthalt und ohne daß das Betäubungsmittel zu irgendeinem Zeitpunkt während des Verbringens dem Durchführenden oder einer dritten Person tatsächlich zur Verfügung steht, durchgeführt werden. [...]

---

43 Anlehnend an Weber, Klaus: BtmG. Kommentar, 5. Aufl., München 2017, § 29.

Einordnung des Delikts

Geschütztes Rechtsgut:	Volksgesundheit
Deliktscharakter:	Vergehen
Deliktsart:	Offizialdelikt
Versuch:	strafbar gem. § 29 II BtmG in den Fällen § 29 I Nr. 1, 2, 5, 6. Buchstabe b BtmG
Rechtsfolge:	Freiheitsstrafe bis zu fünf Jahren oder Geldstrafe

Denkbares Fallbeispiel

Im Rahmen einer Kontrolle am Hamburger Hauptbahnhof werden beim X 0,2 Gramm Marihuana aufgefunden.

1. TBM – Betäubungsmittel

Definition: Betäubungsmittel im Sinne des BtmG sind die in den Anlagen I bis III des BtmG aufgeführten Stoffe und Zubereitungen.

2. TBM – unerlaubt

Definition: Es liegt keine behördliche Genehmigung für Betäubungsmittel vor.

3. TBM – Tathandlung

- **herstellen (§ 29 I Nr. 1 BtmG)**

  Definition: Das Gewinnen, Anfertigen, Zubereiten, Be- oder Verarbeiten, Reinigen und Umwandeln.

oder

- **Handeltreiben (§ 29 I Nr. 1 BtmG)**

  Definition: Handeltreiben im Sinne der §§ 29 ff. BtMG ist jede eigennützige auf den Umsatz von Betäubungsmitteln gerichtete Tätigkeit.[44]

oder

- **einführen (§ 29 I Nr. 1 BtmG)**

  Definition: Einführen ist das Verbringen in den Geltungsbereich des Grundgesetzes.

oder

- **ausführen (§ 29 I Nr. 1 BtmG)**

  Definition: Ausführen ist das Verbringen aus dem Geltungsbereich des Grundgesetzes.

oder

- **veräußern (§ 29 I Nr. 1 BtmG)**

  Definition: Das Abgeben von Betäubungsmitteln an Dritte gegen Entgelt aufgrund rechtsgeschäftlicher Vereinbarungen. Der Veräußerer darf nicht eigennützig handeln.

oder

- **abgeben (§ 29 I Nr. 1 BtmG)**

  Definition: Die Übertragung von der eigenen tatsächlichen Verfügungsgewalt an einem Betäubungsmittel ohne Gegenleistung an einen Dritten, so dass dieser frei über das Betäubungsmittel verfügen kann.

oder

- **auf sonstige Weise in Verkehr bringen (§ 29 I Nr. 1 BtmG)**

  Definition: Jeder Wechsel der Verfügungsgewalt über das Betäubungsmittel, so dass der Empfänger frei darüber verfügen kann [Auffangtatbestand].

---

44 BGH, Beschluss vom 22.7.2010 – BGH 4 StR 286/10.

oder

- **auf sonstige Weise verschaffen (§ 29 I Nr. 1 BtmG)**

  Definition: Das Erlangen der eigenen tatsächlichen Verfügungsgewalt über ein Betäubungsmittel, ohne dass ein Erwerb (z. B. durch Verkauf) vorliegt.

oder

- **besitzen ohne schriftliche Erlaubnis (§ 29 I Nr. 3 BtmG)**

  Definition: Das Ausüben der tatsächlichen Verfügungsgewalt über Betäubungsmittel, ohne hierfür eine schriftliche Erlaubnis zu besitzen.

oder

- **durchführen (§ 29 I Nr. 5 BtmG i. V. m. § 11 I S. 2 BtmG)**

  Definition: Das Verbringen von Betäubungsmitteln aus dem Ausland in das Inland und das Befördern durch das Inland wieder in das Ausland, ohne dabei über eine behördliche Erlaubnis zu verfügen oder ohne dass die Möglichkeit des Zugriffs durch Dritte auf die Betäubungsmittel besteht.

§ 29 a BtmG

Gesetzestext (Auszug)

§ 29 a Straftaten

(1) Mit Freiheitsstrafe nicht unter einem Jahr wird bestraft, wer

1. als Person über 21 Jahre
   Betäubungsmittel unerlaubt an eine Person unter 18 Jahren [...] sie ihr entgegen § 13 Abs. 1 verabreicht oder zum unmittelbaren Verbrauch überläßt [...].

[...]

Einordnung des Delikts

Geschütztes Rechtsgut:	Volksgesundheit
Deliktscharakter:	Verbrechen
Deliktsart:	Offizialdelikt
Versuch:	strafbar gem. § 23 I StGB
Rechtsfolge:	Freiheitsstrafe nicht unter einem Jahr

Denkbares Fallbeispiel

Der 24-jährige X spritzt der 16-jährigen M auf der Bahnhofstoilette Heroin.

1. TBM – Betäubungsmittel

Definition: Betäubungsmittel im Sinne des BtmG sind die in den Anlagen I bis III des BtmG aufgeführten Stoffe und Zubereitungen.

2. TBM – Person über 21 Jahre

Der Täter muss älter als 21 Jahre sein.

3. TBM – Tathandlung

- **Entgegen § 13 I BtmG verabreichen**

  Definition: Das Zuführen von Betäubungsmitteln in den Körper einer anderen Person, ohne die Voraussetzungen des § 13 I BtmG zu erfüllen.

oder

- **zum unmittelbaren Verbrauch überlassen**

  Definition: Eröffnung der Möglichkeit zum Konsum durch Dritten, ohne dass dieser die tatsächliche Sachherrschaft über das Betäubungsmittel erlangt.

§ 30 BtmG

Gesetzestext (Auszug)

§ 30 Straftaten

(1) Mit Freiheitsstrafe nicht unter zwei Jahren wird bestraft, wer

1. Betäubungsmittel unerlaubt anbaut, herstellt oder mit ihnen Handel treibt (§ 29 Abs. 1 Satz 1 Nr. 1) und dabei als Mitglied einer Bande handelt, die sich zur fortgesetzten Begehung solcher Taten verbunden hat,

[…]

Einordnung des Delikts

Geschütztes Rechtsgut:	Volksgesundheit
Deliktscharakter:	Verbrechen
Deliktsart:	Offizialdelikt
Versuch:	strafbar gem. § 23 I StGB
Rechtsfolge:	Freiheitsstrafe nicht unter zwei Jahren

Denkbares Fallbeispiel

Im Rahmen einer motorisierten Streife stellt eine Streife der Bundespolizei an einer Bahnstrecke angrenzendem Waldstück ein ca. 200 qm großes Marihuanafeld fest. In der Nähe dieses Marihuanafeldes befindet sich ein kleiner Unterstand, aus welchem eine Gruppe von drei Männern heraustritt, die mit landwirtschaftlichen Geräten ausgerüstet sind. Ebenso steht ein hochwertiges neues Kraftfahrzeug ein Stück abseits des Feldes.

1. TBM – Betäubungsmittel

Definition: Betäubungsmittel im Sinne des BtmG sind die in den Anlagen I bis III des BtmG aufgeführten Stoffe und Zubereitungen.

2. TBM – als Bande

Definition: Der Begriff der Bande setzt den Zusammenschluss von **mindestens drei** Personen voraus, die sich mit dem Willen verbunden haben, künftig für eine gewisse Dauer mehrere selbständige, im Einzelnen noch ungewisse Straftaten des im Gesetz genannten Deliktstyps zu begehen. Ein „gefestigter Bandenwille“ oder ein „Tätigwerden in einem übergeordneten Bandeninteresse“ ist nicht erforderlich.[45]

3. TBM – Tathandlung

- **anbauen (§ 29 I Nr. 1 BtmG)**

  Definition: Ziel des Anbaus ist die Produktion von Betäubungsmitteln mit landwirtschaftlichen Mitteln. Anbauen ist dabei die Aussaat von Samen und die Aufzucht von Pflanzen. Auf den Erfolg der Aufzucht kommt es nicht an.[46]

oder

- **herstellen (§ 29 I Nr. 1 BtmG)**

  Definition: Das Gewinnen, Anfertigen, Zubereiten, Be- oder Verarbeiten, Reinigen und Umwandeln.

oder

- **Handeltreiben (§ 29 I Nr. 1 BtmG)**

  Definition: Handeltreiben im Sinne der §§ 29 ff. BtMG ist jede eigennützige auf den Umsatz von Betäubungsmitteln gerichtete Tätigkeit.[47]

---

45 BGH, Beschluss vom 22.3.2001 – BGH GSSt 1/00, 1. Leitsatz.

46 Anlehnend an Weber, Klaus: BtmG. Kommentar, 5. Aufl., München 2017, § 29.

47 BGH, Beschluss vom 22.7.2010 – BGH 4 StR 286/10.

Kapitel 5 – Repressive Standardbefugnisse

1. Erheben einer Sicherheitsleistung gem. §§ 127 a StPO

Gesetzestext (Auszug)

§ 127 a Absehen von der Anordnung oder Aufrechterhaltung der vorläufigen Festnahme

(1) Hat der Beschuldigte im Geltungsbereich dieses Gesetzes keinen festen Wohnsitz oder Aufenthalt und liegen die Voraussetzungen eines Haftbefehls nur wegen Fluchtgefahr vor, so kann davon abgesehen werden, seine Festnahme anzuordnen oder aufrechtzuerhalten, wenn

1. nicht damit zu rechnen ist, daß wegen der Tat eine Freiheitsstrafe verhängt oder eine freiheitsentziehende Maßregel der Besserung und Sicherung angeordnet wird und
2. der Beschuldigte eine angemessene Sicherheit für die zu erwartende Geldstrafe und die Kosten des Verfahrens leistet.

[...]

Denkbares Fallbeispiel

M und J, beide französische Staatsangehörige und derzeit wohnungslos, sind zum Feiern nach Hamburg gereist. Beide haben die ganze Nacht wild auf der Reeperbahn gefeiert. Zur Rückreise begeben sich beide zum Hamburger Hauptbahnhof und geraten dort in Streit mit einer anderen Personengruppe. Im Verlauf der zunächst verbalen Streitigkeit schlägt der M mit der Faust eine Person aus der anderen Gruppe nieder. Im Rahmen der anschließenden Identitätsfeststellung gibt der M zunächst einen falschen Namen an, bis bei einer Durchsuchung ein Ausweisdokument des M aufgefunden wird. Bei einer Recherche in den polizeilichen Informationssystemen stellt sich heraus, dass M bereits einmal bei einer polizeilichen Kontrolle geflohen ist.

1. Voraussetzung – Straftatverdacht i. S. d. § 152 II StPO

Definition: Der Anfangsverdacht einer Straftat i. S. d. § 152 II StPO besteht dann, wenn zureichende tatsächliche Anhaltspunkte für eine verfolgbare Straftat vorliegen.

2. Voraussetzung – Dringender Tatverdacht

Definition: Wenn aufgrund von Tatsachen die Wahrscheinlichkeit groß ist, dass die Person eine bestimmte Straftat begangen hat und somit Beschuldigter ist.

3. Voraussetzung – Beschuldigter

Definition: Jede Person, gegen die aufgrund tatsächlicher Anhaltspunkte mit dem Ziel der Anzeigenerstattung ermittelt wird.

4. Voraussetzung – ohne festen Wohnsitz innerhalb des Bundesgebietes

Definition: Einen Wohnsitz hat jemand dort, wo er eine Wohnung unter Umständen innehat, die darauf schließen lassen, dass er die Wohnung beibehalten und benutzen wird.[48]

5. Voraussetzung – Haftgrund der Fluchtgefahr

Definition: Fluchtgefahr liegt vor, wenn bestimmte Tatsachen die Gefahr begründen, dass sich der Beschuldigte dem Strafverfahren durch Flucht entziehen wird.

6. Voraussetzung – Vorgezogene Verhältnismäßigkeit i. S. d. §§ 112 ff., 127 StPO

Definition: Das Verhältnis zwischen der Bedeutung der Strafsache und der Strafandrohung darf nicht außer Verhältnis zum Eingriff in die Lebenssphäre des Beschuldigten stehen.

---

48 Vgl. § 8 Abgabenordnung. Im Ergebnis muss festgestellt werden, dass der Tatverdächtige keinen festen Wohnsitz innerhalb der Bundesrepublik Deutschland hat.

Denkbarer Adressat

Der Adressat ergibt sich aus der Norm selbst, sog. Normadressat. Adressat der Sicherheitsleistung gem. § 127 a StPO ist der Beschuldigte.

2. Erheben einer Sicherheitsleistung gem. § 132 StPO

Gesetzestext (Auszug)

§ 132 Sicherheitsleistung, Zustellungsbevollmächtigter

(1) Hat der Beschuldigte, der einer Straftat dringend verdächtig ist, im Geltungsbereich dieses Gesetzes keinen festen Wohnsitz oder Aufenthalt, liegen aber die Voraussetzungen eines Haftbefehls nicht vor, so kann, um die Durchführung des Strafverfahrens sicherzustellen, angeordnet werden, daß der Beschuldigte

1. eine angemessene Sicherheit für die zu erwartende Geldstrafe und die Kosten des Verfahrens leistet und
2. eine im Bezirk des zuständigen Gerichts wohnende Person zum Empfang von Zustellungen bevollmächtigt.

§ 116 a Abs. 1 gilt entsprechend.

(2) Die Anordnung dürfen nur der Richter, bei Gefahr im Verzuge auch die Staatsanwaltschaft und ihre Ermittlungspersonen (§ 152 des Gerichtsverfassungsgesetzes) treffen.

[...]

Denkbares Fallbeispiel

X, polnischer Staatsangehöriger, ist derzeit ohne festen Wohnsitz innerhalb der Bundesrepublik Deutschland. Jedoch hält sich X, trotz Hausverbot, ständig im Hamburger Hauptbahnhof auf. X ist augenscheinlich im Besitz von genügend Bargeld, da er seinen Bedarf an Lebensmitteln und weiteren alltäglichen Dingen immer bezahlt. Eine Streife der DB Sicherheit trifft den X, trotz Hausverbots, wiederholt im Hamburger Hauptbahnhof an und informiert die Bundespolizei.

1. Voraussetzung – Straftatverdacht i. S. d. § 152 II StPO

Definition: Der Anfangsverdacht einer Straftat i. S. d. § 152 II StPO besteht dann, wenn zureichende tatsächliche Anhaltspunkte für eine verfolgbare Straftat vorliegen.

2. Voraussetzung – Dringender Tatverdacht

Definition: Wenn aufgrund von Tatsachen die Wahrscheinlichkeit groß ist, dass die Person eine bestimmte Straftat begangen hat und somit Beschuldigter ist.

3. Voraussetzung – Beschuldigter

Definition: Jede Person, gegen die aufgrund tatsächlicher Anhaltspunkte mit dem Ziel der Anzeigenerstattung ermittelt wird.

4. Voraussetzung – ohne festen Wohnsitz innerhalb des Bundesgebietes

Definition: Einen Wohnsitz hat jemand dort, wo er eine Wohnung unter Umständen innehat, die darauf schließen lassen, dass er die Wohnung beibehalten und benutzen wird.[49]

5. Voraussetzung – Das Fehlen der Voraussetzungen eines Haftbefehls

Definition: Die Voraussetzungen eines Haftgrundes i. S. d. §§ 112, 112 a StPO liegen nicht vor, oder eine Untersuchungshaft wäre insgesamt unverhältnismäßig.

Hier nochmal zur Erinnerung die Voraussetzungen der vorläufigen Festnahme:[50]

49 Vgl. § 8 Abgabenordnung. Im Ergebnis muss festgestellt werden, dass der Tatverdächtige keinen festen Wohnsitz innerhalb der Bundesrepublik Deutschland hat.

50 Vgl. Lerm, Patrick/Lambiase, Dominik: Einsatzrecht kompakt – Definitionswissen, Zwischenprüfung erfolgreich bestehen, Stuttgart 2019, S. 78.

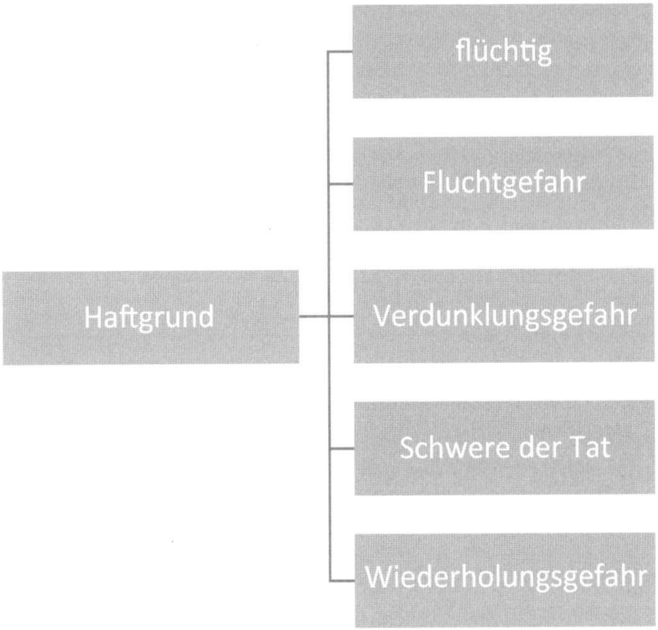

6. Voraussetzung – Anordnungsbefugnis[51]

Definition: **Gefahr im Verzug** liegt dann vor, wenn auf eine richterliche Entscheidung nicht gewartet werden kann, weil zu befürchten ist, dass der Zweck der Maßnahme in der Zwischenzeit ernsthaft gefährdet oder gar vereitelt würde.

Dann darf auch der Ermittlungsbeamte der StA die Anordnung treffen.

51 Die Anordnungsbefugnis stellt eigentlich eine Formvorschrift dar. Jedoch spielt die Anordnungsbefugnis für den PVB eine derart herausragende Rolle, dass diese bereits in der Befugnis geprüft wird.

Ermittlungspersonen der StA sind gem. § 12 V BPolG Polizeivollzugsbeamte der Bundespolizei, die dem Polizeivollzugsdienst mindestens vier Jahre angehören.

Denkbarer Adressat

Der Adressat ergibt sich aus der Norm selbst, sog. Normadressat. Adressat der Sicherheitsleistung gem. § 132 StPO ist der Beschuldigte.

3. Beschlagnahme gem. §§ 111 b ff. StPO

Gesetzestext (Auszug)

§ 111 b Beschlagnahme zur Sicherung der Einziehung oder Unbrauchbarmachung

(1) Ist die Annahme begründet, dass die Voraussetzungen der Einziehung oder Unbrauchbarmachung eines Gegenstandes vorliegen, so kann er zur Sicherung der Vollstreckung beschlagnahmt werden. Liegen dringende Gründe für diese Annahme vor, so soll die Beschlagnahme angeordnet werden. § 94 Absatz 3 bleibt unberührt.

(2) Die §§ 102 bis 110 gelten entsprechend.

§ 73 Einziehung von Taterträgen bei Tätern und Teilnehmern

(1) Hat der Täter oder Teilnehmer durch eine rechtswidrige Tat oder für sie etwas erlangt, so ordnet das Gericht dessen Einziehung an.

(2) Hat der Täter oder Teilnehmer Nutzungen aus dem Erlangten gezogen, so ordnet das Gericht auch deren Einziehung an.

(3) Das Gericht kann auch die Einziehung der Gegenstände anordnen, die der Täter oder Teilnehmer erworben hat

1. durch Veräußerung des Erlangten oder als Ersatz für dessen Zerstörung, Beschädigung oder Entziehung oder
2. auf Grund eines erlangten Rechts.

§ 74 Einziehung von Tatprodukten, Tatmitteln und Tatobjekten bei Tätern und Teilnehmern

(1) Gegenstände, die durch eine vorsätzliche Tat hervorgebracht (Tatprodukte) oder zu ihrer Begehung oder Vorbereitung gebraucht worden oder bestimmt gewesen sind (Tatmittel), können eingezogen werden.

(2) Gegenstände, auf die sich eine Straftat bezieht (Tatobjekte), unterliegen der Einziehung nach der Maßgabe besonderer Vorschriften.

(3) Die Einziehung ist nur zulässig, wenn die Gegenstände zur Zeit der Entscheidung dem Täter oder Teilnehmer gehören oder zustehen. Das gilt auch für die Einziehung, die durch eine besondere Vorschrift über Absatz 1 hinaus vorgeschrieben oder zugelassen ist.

Denkbares Fallbeispiel

X und Y haben mehrere Navigationssysteme aus Fahrzeugen entwendet, die mit dem Güterzug von Ingolstadt nach Hamburg verbracht werden sollten. Nun befinden sich X und Y mit ihrem Kleintransporter im Grenzraum zu Polen und machen auf einem Rastplatz eine kurze Pause. Plötzlich fährt eine Streife der Bundespolizei auf den Rastplatz ein, hält das Fahrzeug an und beginnt mit einer Kontrolle von X und Y. Im Rahmen der Kontrolle durchsucht die Streife der Bundespolizei das Fahrzeug und stellt die gestohlenen Navigationssysteme fest. Die Streife entscheidet sich, die Navigationssysteme und das Fahrzeug einzuziehen.

1. Voraussetzung – Gründe für die Annahme/Anfangsverdacht einer Straftat[52]

Definition: Es liegen tatsächliche Anhaltspunkte i. S. d. § 152 II StPO vor, dass eine verfolgbare Straftat begangen wurde.[53]

2. Voraussetzung – Täter oder Teilnehmer i. S. d. §§ 73 ff. StGB

- **Täter**

  Definition: Täter ist, wer die Straftat selbst begeht oder durch einen anderen begeht (vgl. § 25 I StGB).

oder

- **Teilnehmer**

  Definition: Teilnehmer einer Straftat ist, wer vorsätzlich einen anderen zu dessen vorsätzlich begangener rechtswidriger Tat bestimmt hat (sog. Anstifter vgl. § 26 StGB) oder wer vorsätzlich einem anderen zu dessen vorsätzlich begangener rechtswidriger Tat Hilfe geleistet hat (sog. Beihelfer vgl. § 27 I StGB).

3. Voraussetzung – Einziehung von Taterträgen, -produkten, -mitteln, -objekten

- **Taterträge**

  Definition: Gegenstände, die der Täter oder Teilnehmer durch die Tat oder für sie erlangt hat oder Nutzen aus diesem Erlangten gezogen hat.

oder

52 Trotz der missverständlichen Ausgestaltung des Gesetzestextes „Ist die Annahme begründet […]“ durch den Gesetzgeber ist aufgrund der Erheblichkeit des Eingriffs hier als Mindestvoraussetzung vom Vorliegen eines Anfangsverdacht einer rechtswidrigen Straftat i. S. d. § 152 II StPO auszugehen. § 74 StGB setzt zudem eine rechtswidrige und vorsätzliche Tat voraus.

53 Werden Taterträge gem. § 73 StGB eingezogen, so muss der Täter zumindest tatbestandsmäßig und rechtswidrig gehandelt haben. Werden Tatprodukte, -mittel oder -objekte eingezogen, so muss der Täter mindestens mit bedingtem Vorsatz gehandelt haben.

- **Tatprodukte**

  Definition: Gegenstände, die durch eine vorsätzliche Tat hervorgebracht wurden.

oder

- **Tatmittel**

  Definition: Gegenstände, die zur Begehung oder Vorbereitung einer vorsätzlichen Tat gebraucht worden oder bestimmt gewesen sind.

oder

- **Tatobjekte**

  Definition: Gegenstände, auf die sich eine Straftat bezieht.

4. Voraussetzung – Bewegliche Sachen

Definition: Bewegliche Sachen sind alle körperlichen Gegenstände i. S. d. § 90 BGB, die tatsächlich fortgeschafft werden können bzw. zu diesem Zwecke transportabel gemacht werden können.

5. Voraussetzung – Anordnungsbefugnis[54]

Gemäß § 111 j StPO bedarf es grundsätzlich der Anordnung durch den Richter.

Es sei denn, es liegt Gefahr im Verzug vor (§ 111 j S. 2 und 3 StPO).

Definition: Gefahr im Verzug liegt dann vor, wenn auf eine richterliche Entscheidung nicht gewartet werden kann, weil zu befürchten ist, dass der Zweck der Maßnahme in der Zwischenzeit ernsthaft gefährdet oder gar vereitelt würde.

---

54 Die Anordnungsbefugnis stellt eigentlich eine Formvorschrift dar. Jedoch spielt die Anordnungsbefugnis für den PVB eine derart herausragende Rolle, dass diese bereits in der Befugnis geprüft wird.

Dann darf auch der Ermittlungsbeamte der StA die Anordnung treffen.

Definition: Ermittlungspersonen der StA sind gem. § 12 V BPolG Polizeivollzugsbeamte der Bundespolizei, die dem Polizeivollzugsdienst mindestens vier Jahre angehören.

Denkbarer Adressat:

Der Adressat ergibt sich aus der Norm selbst, sog. Normadressat. Adressat der hier dargestellten Einziehung gem. § 111 b StPO i. V. m. § 73 ff. StGB ist der Täter oder Teilnehmer einer Straftat.

6. Voraussetzung – Durchführungskompetenz

Definition: Gem. § 111 k S. 2 StPO kann die Beschlagnahme durch Ermittlungspersonen der Staatsanwaltschaft vollzogen werden.

Kapitel 6 – Straftaten

1. Gefährdung des demokratischen Rechtsstaats

1.1 Verbreiten von Propagandamitteln verfassungswidriger Organisationen gem. § 86 StGB

Gesetzestext (Auszug)

§ 86 Verbreiten von Propagandamitteln verfassungswidriger Organisationen

(1) Wer Propagandamittel

1. einer vom Bundesverfassungsgericht für verfassungswidrig erklärten Partei oder einer Partei oder Vereinigung, von der unanfechtbar festgestellt ist, daß sie Ersatzorganisation einer solchen Partei ist,
2. einer Vereinigung, die unanfechtbar verboten ist, weil sie sich gegen die verfassungsmäßige Ordnung oder gegen den Gedanken der Völkerverständigung richtet, oder von der unanfechtbar festgestellt ist, daß sie Ersatzorganisation einer solchen verbotenen Vereinigung ist,
3. einer Regierung, Vereinigung oder Einrichtung außerhalb des räumlichen Geltungsbereichs dieses Gesetzes, die für die Zwecke einer der in den Nummern 1 und 2 bezeichneten Parteien oder Vereinigungen tätig ist, oder
4. Propagandamittel, die nach ihrem Inhalt dazu bestimmt sind, Bestrebungen einer ehemaligen nationalsozialistischen Organisation fortzusetzen,

im Inland verbreitet oder zur Verbreitung im Inland oder Ausland herstellt, vorrätig hält, einführt oder ausführt oder in Datenspeichern öffentlich zugänglich macht, wird mit Freiheitsstrafe bis zu drei Jahren oder mit Geldstrafe bestraft.

(2) Propagandamittel im Sinne des Absatzes 1 sind nur solche Schriften (§ 11 Abs. 3), deren Inhalt gegen die freiheitliche demokratische Grundordnung oder den Gedanken der Völkerverständigung gerichtet ist.

(3) Absatz 1 gilt nicht, wenn das Propagandamittel oder die Handlung der staatsbürgerlichen Aufklärung, der Abwehr verfassungswidriger Bestrebungen, der Kunst oder der Wissenschaft, der Forschung oder der Lehre, der Berichterstattung über Vorgänge des Zeitgeschehens oder der Geschichte oder ähnlichen Zwecken dient.

[...]

Einordnung des Delikts

Geschütztes Rechtsgut:	Politischer Frieden, Freiheitlich demokratische Grundordnung, Gedanke der Völkerverständigung, Ansehen Deutschlands im Ausland
Deliktscharakter:	Vergehen
Deliktsart:	Offizialdelikt
Versuch:	nicht strafbar
Rechtsfolge:	Freiheitsstrafe bis zu drei Jahren oder Geldstrafe

Denkbares Fallbeispiel

Der X verteilt am Hamburger Hauptbahnhof Plakate, in welchen er für eine Neugründung der NSDAP wirbt.

1. TBM – Propagandamittel

Definition: Schriften stehen Ton- und Bildträgern, Datenspeichern, Abbildungen und anderen Darstellungen gleich.[55]

55 Vgl. § 11 III StGB.

2. TBM – Aggressiv gegen die FdGO oder gegen den Gedanken der Völkerverständigung

- **Aggressiv gegen die freiheitlich demokratische Grundordnung**

  Definition: Es liegt eine aktiv kämpferische, aggressive Haltung gegenüber der bestehenden Ordnung der Bundesrepublik Deutschland vor, die planvoll das Funktionieren der Staatsordnung beeinträchtigen will und im weiteren Verlauf diese Ordnung selbst beseitigen will.[56]

oder

- **Aggressiv gegen den Gedanken der Völkerverständigung**

  Definition: Es liegt eine aktiv kämpferische, aggressive Haltung gegenüber dem Gedanken der Völkerverständigung vor, die planvoll das Funktionieren der zwischenstaatlichen Beziehungen beeinträchtigen will.

3. TBM – Verbotene Organisation

- **Verbotene Partei (und ihre Ersatzorganisationen)**

  Definition: Am Sachverhalt festzustellen, dass es sich um die Sozialistische Reichspartei (SRP)[57] oder die Kommunistische Partei Deutschland (KPD) [58] handelt.

oder

- **Verbotene Vereinigungen**

  Definition: Der Vereinigungsbegriff in diesem Sinne entspricht dem eines Vereins nach § 2 Vereinsgesetz.[59] Das Verbot entsprechender Vereine obliegt nicht, wie im Fall von politischen Parteien, der Rechtsprechung, sondern der vollziehenden Gewalt.[60]

---

56 Vgl. BVerfG, Urteil vom 17.8.1956, Az. 1 BvB 2/51, Rnd. 264.

57 BVerfG, Urteil vom 23.10.1952, Az. 1 BvB 1/51.

58 BVerfG, Urteil vom 17.8.1956, Az. 1 BvB 2/51.

59 Beispiele: Wiking-Jugend oder Blood-and-Honour-Division Deutschland.

60 Art. 9 II GG i. V. m. §§ 3 ff. VereinsG.

oder

- **Ausländische Organisationen**

  Definition: Eine ausländische Organisation ist ein Verein, dessen Mitglieder oder Leiter sämtlich oder überwiegend Ausländer sind (vgl. § 14 VereinsG).

oder

- **Ehemalige NS-Organisation**

  Definition: Ehemalige NS-Organisationen sind vor allem die Nationalsozialistische Deutsche Arbeiterpartei (NSDAP), ihre Untergliederungen und die ihr angeschlossenen Verbände.

4. TBM – Tathandlung

- **Verbreiten im Inland**

  Definition: Verbreiten ist, wenn eine Schrift oder mindestens ein Stück der Schrift durch Ausstellen, Anschlagen, Vorführen oder in anderer Weise öffentlich zugänglich gemacht wird.[61]

oder

- **Herstellen zur Verbreitung**

  Definition: Herstellen bedeutet die Produktion des Propagandamittels.

oder

- **Vorrätighalten**

  Definition: Vorrätighalten ist das Bereithalten des Propagandamittels.

oder

- **Ein- oder Ausführen**

  Definition: Ein- oder Ausführen ist das Verbringen in oder aus dem Geltungsbereich des Grundgesetzes.

---

61 Vgl. § 74 d IV StGB.

oder

- **Öffentlich zugänglich machen in Datenspeichern**

  Definition: Öffentlich zugänglich machen bedeutet, dass die Propagandamittel einem unbestimmten Personenkreis zur Verfügung gestellt werden, ohne dass es dabei auf eine tatsächliche Kenntnisnahme ankommt.

5. TBM – Sozialadäquanz-Klausel[62]

Definition: Die Handlung darf **nicht** der staatsbürgerlichen Aufklärung, der Abwehr verfassungswidriger Bestrebungen, der Kunst oder Wissenschaft, der Forschung oder der Lehre, der Berichterstattung über Vorgänge des Zeitgeschehens oder der Geschichte oder ähnlichen Zwecken dienen.

62 Diese Voraussetzung stellt kein Tatbestandsmerkmal i. e. S. dar, jedoch sollte diese durch den PVB bei seiner Sachverhaltswürdigung bereits im Tatbestand geprüft werden.

1.2 Verwenden von Kennzeichen verfassungswidriger Organisationen gem. § 86 a StGB

Gesetzestext (Auszug)

§ 86 a Verwenden von Kennzeichen verfassungswidriger Organisationen

(1) Mit Freiheitsstrafe bis zu drei Jahren oder mit Geldstrafe wird bestraft, wer

1. im Inland Kennzeichen einer der in § 86 Abs. 1 Nr. 1, 2 und 4 bezeichneten Parteien oder Vereinigungen verbreitet oder öffentlich, in einer Versammlung oder in von ihm verbreiteten Schriften (§ 11 Abs. 3) verwendet oder
2. Gegenstände, die derartige Kennzeichen darstellen oder enthalten, zur Verbreitung oder Verwendung im Inland oder Ausland in der in Nummer 1 bezeichneten Art und Weise herstellt, vorrätig hält, einführt oder ausführt.

(2) Kennzeichen im Sinne des Absatzes 1 sind namentlich Fahnen, Abzeichen, Uniformstücke, Parolen und Grußformen. Den in Satz 1 genannten Kennzeichen stehen solche gleich, die ihnen zum Verwechseln ähnlich sind.

(3) § 86 Abs. 3 und 4 gilt entsprechend.

Einordnung des Delikts

Geschütztes Rechtsgut:	Politischer Frieden, Freiheitlich demokratische Grundordnung, Gedanke der Völkerverständigung, Ansehen Deutschlands im Ausland
Deliktscharakter:	Vergehen
Deliktsart:	Offizialdelikt
Versuch:	nicht strafbar
Rechtsfolge:	Freiheitsstrafe bis zu drei Jahren oder Geldstrafe

Denkbares Fallbeispiel

Der X zeigt im Feierabendverkehr in der Wandelhalle des Hamburger Hauptbahnhofs den Hitlergruß.

Verwenden von Kennzeichen verfassungswidriger Organisationen gem. § 86 a I Nr. 1 StGB

1. TBM – Kennzeichen einer Organisation i. S. d. § 86 I Nr. 1, 2, 4 StGB

Es muss sich um ein Kennzeichen einer verbotenen Organisation i. S. d. § 86 I Nr. 1, 2, 4 StGB handeln.

- **Verbotene Partei (und ihre Ersatzorgansationen) § 86 I Nr. 1 StGB**

  Definition: Am Sachverhalt festzustellen, dass es sich um die Sozialistische Reichspartei (SRP)[63] oder die Kommunistische Partei Deutschland (KPD) [64] handelt.

oder

- **Verbotene Vereinigungen § 86 I Nr. 2 StGB**

  Definition: Der Vereinigungsbegriff in diesem Sinne entspricht dem eines Vereins nach § 2 Vereinsgesetz.[65] Das Verbot entsprechender Vereine obliegt nicht, wie im Fall von politischen Parteien, der Rechtsprechung, sondern der vollziehenden Gewalt.[66]

oder

- **Ehemalige NS-Organisation**

  Definition: Ehemalige NS-Organisationen sind vor allem die Nationalsozialistische Deutsche Arbeiterpartei (NSDAP), ihre Untergliederungen und die ihr angeschlossenen Verbände.

---

63 BVerfG, Urteil vom 23.10.1952, Az. 1 BvB 1/51.

64 BVerfG, Urteil vom 17.8.1956, Az. 1 BvB 2/51.

65 Beispiele: Wiking-Jugend oder Blood-and-Honour-Division Deutschland.

66 Art. 9 II GG i. V. m. §§ 3 ff. VereinsG.

2. TBM – Tathandlung

- **Verbreiten**

  Definition: Verbreiten ist, wenn eine Schrift oder mindestens ein Stück der Schrift durch Ausstellen, Anschlagen, Vorführen oder in anderer Weise öffentlich zugänglich gemacht wird.[67]

oder

- **Verwenden**

  Definition: Verwenden ist, unabhängig vom Motiv des Täters, jeder Gebrauch, der das Kennzeichen – auch nur teilweise – optisch oder akustisch wahrnehmbar macht.[68]

3. TBM – Sozialadäquanz-Klausel[69]

Definition: Die Handlung darf **nicht** der staatsbürgerlichen Aufklärung, der Abwehr verfassungswidriger Bestrebungen, der Kunst oder Wissenschaft, der Forschung oder der Lehre, der Berichterstattung über Vorgänge des Zeitgeschehens oder der Geschichte oder ähnlichen Zwecken dienen.

Verwenden von Kennzeichen verfassungswidriger Organisationen gem. § 86 a I Nr. 2 StGB

1. TBM – Kennzeichen einer Organisation i. S. d. § 86 I Nr. 1, 2, 4 StGB

Es muss sich um Gegenstände, die Kennzeichen einer verbotenen Organisation i. S. d. § 86 I Nr. 1, 2, 4 StGB enthalten, handeln.

---

67 Vgl. § 74 d IV StGB.

68 Davon erfasst ist auch nur das kurze oder scherzhafte Zeigen des Kennzeichens. Öffentliche Wahrnehmung setzt die theoretische Wahrnehmbarkeit von unbestimmt vielen Personen voraus. Auf ein tatsächliches Wahrnehmen kommt es nicht an.

69 Diese Voraussetzung stellt kein Tatbestandsmerkmal i. e. S. dar, jedoch sollte diese durch den PVB bei seiner Sachverhaltswürdigung bereits im Tatbestand geprüft werden.

- **Verbotene Partei (und ihre Ersatzorganisationen) § 86 I Nr. 1 StGB**

  Am Sachverhalt festzustellen, dass es sich um die Sozialistische Reichspartei (SRP)[70] oder die Kommunistische Partei Deutschland (KPD)[71] handelt.

oder

- **Verbotene Vereinigungen § 86 I Nr. 2 StGB**

  Definition: Der Vereinigungsbegriff in diesem Sinne entspricht dem eines Vereins nach § 2 Vereinsgesetz.[72] Das Verbot entsprechender Vereine obliegt nicht, wie im Fall von politischen Parteien, der Rechtsprechung, sondern der vollziehenden Gewalt.[73]

oder

- **Ehemalige NS-Organisation**

  Definition: Ehemalige NS-Organisationen sind vor allem die Nationalsozialistische Deutsche Arbeiterpartei (NSDAP), ihre Untergliederungen und die ihr angeschlossenen Verbände.

2. TBM – Tathandlung

- **Herstellen**

  Definition: Herstellen bedeutet die Produktion des Propagandamittels.

oder

- **Vorrätig halten**

  Definition: Vorrätig halten ist das Bereithalten des Propagandamittels.

oder

---

70 BVerfG, Urteil vom 23.10.1952, Az. 1 BvB 1/51.

71 BVerfG, Urteil vom 17.8.1956, Az. 1 BvB 2/51.

72 Beispiele: Wiking-Jugend oder Blood-and-Honour-Division Deutschland.

73 Art. 9 II GG i. V. m. §§ 3 ff. VereinsG.

- **Ein- oder Ausführen**

  Definition: Ein- oder Ausführen ist das Verbringen in oder aus dem Geltungsbereich des Grundgesetzes.

3. TBM – Sozialadäquanz-Klausel[74]

Definition: Die Handlung darf **nicht** der staatsbürgerlichen Aufklärung, der Abwehr verfassungswidriger Bestrebungen, der Kunst oder Wissenschaft, der Forschung oder der Lehre, der Berichterstattung über Vorgänge des Zeitgeschehens oder der Geschichte oder ähnlichen Zwecken dienen.

2. Straftaten gegen die öffentliche Ordnung

2.1 Schwerer Hausfriedensbruch gem. § 124 StGB

Gesetzestext (Auszug)

§ 124 Schwerer Hausfriedensbruch

Wenn sich eine Menschenmenge öffentlich zusammenrottet und in der Absicht, Gewalttätigkeiten gegen Personen oder Sachen mit vereinten Kräften zu begehen, in die Wohnung, in die Geschäftsräume oder in das befriedete Besitztum eines anderen oder in abgeschlossene Räume, welche zum öffentlichen Dienst bestimmt sind, widerrechtlich eindringt, so wird jeder, welcher an diesen Handlungen teilnimmt, mit Freiheitsstrafe bis zu zwei Jahren oder mit Geldstrafe bestraft.

74 Diese Voraussetzung stellt kein Tatbestandsmerkmal i. e. S. dar, jedoch sollte diese durch den PVB bei seiner Sachverhaltswürdigung bereits im Tatbestand geprüft werden.

Denkbares Fallbeispiel

Nachdem ein Eisenbahnverkehrsunternehmen die Preise für Tickets erhöht hat, kommt es vor dem Hauptbahnhof Hamburg zu Protesten. Im Bahnhof befinden sich Geschäftsräume des Eisenbahnverkehrsunternehmens. Nachdem die Ansammlung vor dem Bahnhof immer größer wird, kommt es zu lautstarken Unmutsäußerungen und Forderungen, die Büros zu stürmen. Im weiteren Verlauf bildet sich eine Gruppe von ca. 40 Personen. Deren Anführer ruft plötzlich: „Jetzt geht's los!" Worauf die Gruppe in die Büros eindringt und dort das Mobiliar verwüstet.

Einordnung des Delikts

Geschütztes Rechtsgut:	Hausfrieden
Deliktscharakter:	Vergehen
Deliktsart:	Offizialdelikt
Versuch:	nicht strafbar
Rechtsfolge:	Freiheitsstrafe bis zu 2 Jahren oder Geldstrafe

1. TBM – öffentlich zusammengerottete Menschenmenge

- **Öffentliche Menschenmenge**[75]

  Definition: Eine öffentliche Menschenmenge ist eine Personenmehrheit, deren Anzahl auf einen Blick nicht sofort überschaubar ist, wodurch ein Zu- oder Abfluss von Einzelnen unerheblich ist. Öffentlich wird die Menschenmenge dadurch, dass sich beliebig viele Menschen, ohne Rücksicht auf die Örtlichkeit, beteiligen können.

---

75 Eine Menschenmenge kann bereits ab 15–20 Personen bestehen. „Voraussetzung ist aber, daß [sic!] die Personen einen solchen räumlichen Zusammenhang herstellen, daß bei Außenstehenden die Vorstellung einer Menschenmenge als räumlich verbundenes Ganzes entsteht." (vgl. BGH, Urteil vom 29.8.1985–4 StR 397/85, Rnd. 2).

- **Zusammenrottung**

  Definition: Alle Teilnehmer der Menschenmenge verfolgen einzig das Ziel, geschlossen Gewalttätigkeiten zu begehen.[76]

2. TBM – Tatörtlichkeit

- **Wohnung**

  Definition: Wohnungen sind Räumlichkeiten, deren Hauptzweck darin besteht, Menschen als Unterkunft zu dienen, einschließlich deren Nebenräume.

oder

- **Geschäftsräume**

  Definition: Geschäftsräume sind Räumlichkeiten, die für den Geschäftsverkehr bestimmt sind.

oder

- **Befriedetes Besitztum**

  Definition: Befriedetes Besitztum ist ein nach außen erkennbarer durch zusammenhängende Schutzwehren abgegrenzter Bereich, der gegen unbefugtes Betreten schützen soll.

oder

- **Abgeschlossene Räume, die zum öffentlichen Dienst bestimmt sind**

  Definition: Zum öffentlichen Dienst bestimmt sind Räume, wenn in ihnen bestimmungsgemäß Tätigkeiten nach öffentlich-rechtlichen Vorschriften wahrgenommen werden.

76 BGH, Urteil vom 24.5.2017–2 StR 414/16, Rnd. 15.

3. TBM – Eindringen[77]

- **Eindringen**

  Definition: Eindringen ist das Betreten eines geschützten Bereiches gegen den Willen des Berechtigten ganz oder mit einem Teil des Körpers.

4. TBM – Absicht der Begehung von Gewalttätigkeiten gegen Menschen oder Sachen

- **Absicht Gewalttätigkeiten gegen Menschen oder Sachen zu begehen**

  Definition: Der Wille mit physischer Kraft aggressiv gegen die körperliche Unversehrtheit von Personen oder gegen die physische Integrität von Sachen vorzugehen.

5. TBM – mit vereinten Kräften

- **Mit vereinten Kräften**

  Definition: Das zielgerichtete, aktive Vorgehen von Einzelpersonen, welches von der Menschenmenge zumindest gebilligt wird.

77 Das Eindringen muss widerrechtlich erfolgen, d. h. der Täter darf kein Recht haben, sich in der Räumlichkeit aufzuhalten.

2.2 Landfriedensbruch gem. § 125 StGB

Gesetzestext (Auszug)

§ 125 Landfriedensbruch

(1) Wer sich an

1. Gewalttätigkeiten gegen Menschen oder Sachen oder
2. Bedrohungen von Menschen mit einer Gewalttätigkeit,

die aus einer Menschenmenge in einer die öffentliche Sicherheit gefährdenden Weise mit vereinten Kräften begangen werden, als Täter oder Teilnehmer beteiligt oder wer auf die Menschenmenge einwirkt, um ihre Bereitschaft zu solchen Handlungen zu fördern, wird mit Freiheitsstrafe bis zu drei Jahren oder mit Geldstrafe bestraft.

[...]

Denkbares Fallbeispiel

Am dritten Spieltag der Bundesliga spielt der Hamburger SV zu Hause. Der FC St. Pauli hat auswärts gespielt, ebenso wie Hansa Rostock. Auf der Rückreise treffen sich die gewaltbereiten Fans der drei Vereine absprachegemäß am Hamburger Hauptbahnhof. In der Wandelhalle treffen jeweils ca. 60 Angehörige der jeweiligen Vereine aufeinander und beginnen sofort aufeinander einzuschlagen. Auf Unbeteiligte nehmen die Gewalttäter dabei keine Rücksicht.

Einordnung des Delikts

Geschütztes Rechtsgut:	Öffentliche Sicherheit
Deliktscharakter:	Vergehen
Deliktsart:	Offizialdelikt
Versuch:	nicht strafbar
Rechtsfolge:	Freiheitsstrafe bis zu drei Jahren oder Geldstrafe

1. Alternative:

1. TBM – Menschenmenge

- **Menschenmenge**[78]

  Definition: Eine Menschenmenge ist eine Personenmehrheit, deren Anzahl auf einen Blick nicht sofort überschaubar ist, wodurch ein Zu- oder Abfluss von Einzelner unerheblich ist.

2. TBM – Tathandlung

- **Gewalttätigkeiten gegen Menschen oder Sachen (§ 125 I 1. Alt. Nr. 1 StGB)**

  Definition: Gewalttätigkeiten sind physische Angriffe auf Personen oder Einwirken auf die körperliche Substanz von Sachen.

oder

- **Bedrohung von Menschen mit einer Gewalttätigkeit (§ 125 I 1. Alt. Nr. 2 StGB)**

  Definition: Eine Bedrohung i. d. S. ist das In-Aussicht-Stellen einer zukünftigen Gewalttätigkeit gegen Menschen. Auf eine Verwirklichung kommt es nicht an; die Drohung muss aber als Ernst aufgefasst werden.

3. TBM – Gefährdung der öffentlichen Sicherheit

- **In einer die öffentliche Sicherheit gefährdenden Art und Weise**

  Definition: Wenn für eine unbestimmte Anzahl von Menschen oder Sachen eine Schadensgefahr besteht und so das subjektive Sicherheitsgefühl beeinträchtigt wird und dadurch der Eindruck der Schutzlosigkeit entsteht.

---

78 Eine Menschenmenge kann bereits ab 15–20 Personen bestehen. „Voraussetzung ist aber, daß [sic!] die Personen einen solchen räumlichen Zusammenhang herstellen, daß bei Außenstehenden die Vorstellung einer Menschenmenge als räumlich verbundenes Ganzes entsteht." (vgl. BGH, Urteil vom 29.8.1985–4 StR 397/85, Rnd. 2).

4. TBM – mit vereinten Kräften

- **Mit vereinten Kräften**

  Definition: Das zielgerichtete, aktive Vorgehen von Einzelpersonen, welches von der Menschenmenge zumindest gebilligt wird.

5. TBM – Beteiligungsart

- **Beteiligung als Täter oder Teilnehmer**

  Definition: Das zielgerichtete, aktive Vorgehen von Einzelpersonen, welches von der Menschenmenge zumindest gebilligt wird.

2. Alternative:

1. TBM – Menschenmenge

- Menschenmenge[79]

  Definition: Eine Menschenmenge ist eine Personenmehrheit, deren Anzahl auf einen Blick nicht sofort überschaubar ist, wodurch ein Zu- oder Abfluss von Einzelnen unerheblich ist.

2. TBM – Tathandlung

- **Einwirken auf eine Menschenmenge zur Förderung solcher Handlungen (§ 125 I 2. Alt. StGB)**

  Definition: Eine Einwirkung i. d. S. ist jede verbale oder symbolische Beeinflussung einer größeren Personenanzahl, um diese zur Begehung von Gewalttätigkeiten oder Bedrohung mit Gewalttätigkeiten zu bewegen. Die Einwirkung muss nicht zum Erfolg führen.

---

79 Eine Menschenmenge kann bereits ab 15–20 Personen bestehen. „Voraussetzung ist aber, daß [sic!] die Personen einen solchen räumlichen Zusammenhang herstellen, daß bei Außenstehenden die Vorstellung einer Menschenmenge als räumlich verbundenes Ganzes entsteht." (vgl. BGH, Urteil vom 29.8.1985–4 StR 397/85, Rnd. 2).

2.3 Schwerer Landfriedensbruch gem. § 125 a StGB

Gesetzestext (Auszug)

§ 125 a Besonders schwerer Fall des Landfriedensbruchs

In besonders schweren Fällen des § 125 Abs. 1 ist die Strafe Freiheitsstrafe von sechs Monaten bis zu zehn Jahren. Ein besonders schwerer Fall liegt in der Regel vor, wenn der Täter

1. eine Schußwaffe bei sich führt,
2. eine andere Waffe oder ein anderes gefährliches Werkzeug bei sich führt,
3. durch eine Gewalttätigkeit einen anderen in die Gefahr des Todes oder einer schweren Gesundheitsschädigung bringt oder
4. plündert oder bedeutenden Schaden an fremden Sachen anrichtet.

Denkbares Fallbeispiel

Am dritten Spieltag der Bundesliga spielt der Hamburger SV zu Hause. Der FC St. Pauli hat auswärts gespielt, ebenso wie Hansa Rostock. Auf der Rückreise treffen sich die gewaltbereiten Fans der drei Vereine absprachegemäß am Hamburger Hauptbahnhof. In der Wandelhalle treffen jeweils ca. 60 Angehörige der jeweiligen Vereine aufeinander und beginnen sofort aufeinander einzuschlagen. Auf Unbeteiligte nehmen die Gewalttäter dabei keine Rücksicht. Im weiteren Verlauf der Auseinandersetzung stürmt eine Gruppe von zehn Personen eine Drogerie und entwendet eine unbekannte Anzahl hochwertiger Parfumflakons.

Einordnung des Delikts

Geschütztes Rechtsgut:	Öffentliche Sicherheit
Deliktscharakter:	Vergehen
Deliktsart:	Offizialdelikt
Versuch:	nicht strafbar
Rechtsfolge:	Freiheitsstrafe von sechs Monaten bis zu zehn Jahren

1. Alternative:

1. TBM – Menschenmenge

- **Menschenmenge**[80]

  Definition: Eine Menschenmenge ist eine Personenmehrheit, deren Anzahl auf einen Blick nicht sofort überschaubar ist, wodurch ein Zu- oder Abfluss von Einzelnen unerheblich ist.

2. TBM – Tathandlung

- **Gewalttätigkeiten gegen Menschen oder Sachen (§ 125 I 1. Alt. Nr. 1 StGB)**

  Definition: Gewalttätigkeiten sind physische Angriffe auf Personen oder das Einwirken auf die körperliche Substanz von Sachen.

oder

- **Bedrohung von Menschen mit einer Gewalttätigkeit (§ 125 I 1. Alt. Nr. 2 StGB)**

  Definition: Eine Bedrohung i. d. S. ist das In-Aussicht-Stellen einer zukünftigen Gewalttätigkeit gegen Menschen. Auf eine

80 Eine Menschenmenge kann bereits ab 15–20 Personen bestehen. „Voraussetzung ist aber, daß [sic!] die Personen einen solchen räumlichen Zusammenhang herstellen, daß bei Außenstehenden die Vorstellung einer Menschenmenge als räumlich verbundenes Ganzes entsteht.“ (vgl. BGH, Urteil vom 29.8.1985–4 StR 397/85, Rnd. 2).

Verwirklichung kommt es nicht an; die Drohung muss aber als Ernst aufgefasst werden.

oder

- **Einwirken auf eine Menschenmenge zur Förderung solcher Handlungen (§ 125 I 2. Alt. StGB)**

  Definition: Eine Einwirkung i. d. S. ist jede verbale oder symbolische Beeinflussung einer größeren Personenanzahl, um diese zur Begehung von Gewalttätigkeiten oder Bedrohung mit Gewalttätigkeiten zu bewegen. Die Einwirkung muss nicht zum Erfolg führen.

3. TBM – Gefährdung der öffentlichen Sicherheit

- **In einer die öffentliche Sicherheit gefährdenden Art und Weise**

  Definition: Wenn für eine unbestimmte Anzahl von Menschen oder Sachen eine Schadensgefahr besteht und so das subjektive Sicherheitsgefühl beeinträchtigt wird und dadurch der Eindruck der Schutzlosigkeit entsteht.

4. TBM – mit vereinten Kräften

- **Mit vereinten Kräften**

  Definition: Das zielgerichtete, aktive Vorgehen von Einzelpersonen, welches von der Menschenmenge zumindest gebilligt wird.

5. TBM – Beteiligungsart

- **Beteiligung als Täter oder Teilnehmer**

  Definition: Das zielgerichtete, aktive Vorgehen von Einzelpersonen, welches von der Menschenmenge zumindest gebilligt wird.

6. TBM – Regelbeispiele

- **Führen einer Schusswaffe**

  Definition Schusswaffe: Schusswaffen sind Gegenstände, die zum Angriff oder zur Verteidigung, zur Signalgebung, zur Jagd, zur Distanzinjektion, zur Markierung, zum Sport oder zum Spiel bestimmt sind und bei denen Geschosse durch einen Lauf getrieben werden.

  Definition Führen: Führen ist die Ausübung der tatsächlichen Gewalt über die Schusswaffe.

oder

- **Führen einer anderen Waffe oder eines anderen gefährlichen Werkzeugs**

Definition Waffe: Eine Waffe ist ein beweglicher Gegenstand, der tatsächlich geeignet und dazu bestimmt ist, Menschen zu verletzen (= Waffen im technischen Sinn).

  Definition Gefährliches Werkzeug: Ein gefährliches Werkzeug ist ein beweglicher Gegenstand, der nach seiner Beschaffenheit und in seiner konkreten Verwendung erhebliche Verletzungen hervorrufen kann.

  Definition Führen: Führen ist die Ausübung der tatsächlichen Gewalt über die Waffe oder den gefährlichen Gegenstand.

oder

- **Durch eine Gewalttätigkeit einen anderen in die Gefahr des Todes oder einer schweren Gesundheitsschädigung bringen**

  Definition Gewalttätigkeit und Gefahr des Todes: Die Gewalttätigkeit ist aufgrund ihrer Begehungsweise nach den konkreten Umständen geeignet, das Opfer in Lebensgefahr (**Todesgefahr**) zu bringen.

oder

Definition Gewalttätigkeit und schwere Gesundheitsschädigung: Die Gewalttätigkeit ist aufgrund ihrer Begehungsweise nach den konkreten Umständen geeignet, eine schwere Gesundheitsschädigung[81] hervorzurufen.

oder

- **Plündern oder bedeutenden[82] Schaden an fremden Sachen anrichten**

  Definition Plündern: Eine Plünderung liegt vor, wenn unter Ausnutzung der Gesamtsituation fremde bewegliche Sachen gestohlen oder einem Anderen in Zueignungsabsicht abgenötigt werden.[83]

  Definition Schaden an fremden Sachen: Eine fremde Sache ist jeder körperliche Gegenstand, der nicht im Alleineigentum des Täters steht und nicht herrenlos ist. Ein Schaden ist angerichtet, wenn die Sache zumindest beschädigt wurde. Beschädigen ist die Einwirkung, die zu einer nicht unerheblichen Substanzverletzung oder Funktionsbeeinträchtigung führt.

2. Alternative:

1. TBM – Menschenmenge

- **Menschenmenge[84]**

  Definition: Eine Menschenmenge ist eine Personenmehrheit, deren Anzahl auf einen Blick nicht sofort überschaubar ist, wodurch ein Zu- oder Abfluss von Einzelnen unerheblich ist.

---

81 Eine schwere Gesundheitsschädigung darf bei der Erfüllung einer Erfolgsqualifikation des § 226 StGB angenommen werden.

82 Der BGH hat als Wertgrenze für einen bedeutenden Gegenstand mindestens 750 € festgelegt (BGH, Beschluss vom 28.9.2010– 4 StR 245/10, 2. Leitsatz).

83 BGH, Beschluss vom 17.6.2010 – AK 3/10, Rnd. 34.

84 Eine Menschenmenge kann bereits ab 15–20 Personen bestehen. „Voraussetzung ist aber, daß [sic!] die Personen einen solchen räumlichen Zusammenhang herstellen, daß bei Außenstehenden die Vorstellung einer Menschenmenge als räumlich verbundenes Ganzes entsteht." (vgl. BGH, Urteil vom 29.8.1985–4 StR 397/85, Rnd. 2).

2. TBM – Tathandlung

- **Einwirken auf eine Menschenmenge zur Förderung solcher Handlungen (§ 125 I 2. Alt. StGB)**

  Definition: Eine Einwirkung i. d. S. ist jede verbale oder symbolische Beeinflussung einer größeren Personenanzahl, um diese zur Begehung von Gewalttätigkeiten oder Bedrohung mit Gewalttätigkeiten zu bewegen. Die Einwirkung muss nicht zum Erfolg führen.

3. TBM – Regelbeispiele

- **Führen einer Schusswaffe**

  Definition Schusswaffe: Schusswaffen sind Gegenstände, die zum Angriff oder zur Verteidigung, zur Signalgebung, zur Jagd, zur Distanzinjektion, zur Markierung, zum Sport oder zum Spiel bestimmt sind und bei denen Geschosse durch einen Lauf getrieben werden.

  Definition Führen: Führen ist die Ausübung der tatsächlichen Gewalt über die Schusswaffe.

- **Führen einer anderen Waffe oder eines anderen gefährlichen Werkzeugs**

  Definition Waffe: Eine Waffe ist ein beweglicher Gegenstand, der tatsächlich geeignet und dazu bestimmt ist, Menschen zu verletzen (= Waffen im technischen Sinn).

  Definition Gefährliches Werkzeug: Ein gefährliches Werkzeug ist ein beweglicher Gegenstand, der nach seiner Beschaffenheit und in seiner konkreten Verwendung erhebliche Verletzungen hervorrufen kann.

  Definition Führen: Führen ist die Ausübung der tatsächlichen Gewalt über die Waffe oder den gefährlichen Gegenstand.

- **Durch eine Gewalttätigkeit einen anderen in die Gefahr des Todes oder einer schweren Gesundheitsschädigung bringen**

Definition Gewalttätigkeit und Gefahr des Todes: Die Gewalttätigkeit ist aufgrund ihrer Begehungsweise nach den konkreten Umständen geeignet, das Opfer in Lebensgefahr (Todesgefahr) zu bringen.

oder

Definition Gewalttätigkeit und schwere Gesundheitsschädigung: Die Gewalttätigkeit ist aufgrund ihrer Begehungsweise nach den konkreten Umständen geeignet, eine schwere Gesundheitsschädigung[85] hervorzurufen.

oder

- **Plündern oder bedeutenden[86] Schaden an fremden Sachen anrichten**

  Definition Plündern: Eine Plünderung liegt vor, wenn unter Ausnutzung der Gesamtsituation fremde bewegliche Sachen gestohlen oder einem anderen in Zueignungsabsicht abgenötigt werden.[87]

  Definition Schaden an fremden Sachen: Eine fremde Sache ist jeder körperliche Gegenstand, der nicht im Alleineigentum des Täters steht und nicht herrenlos ist. Ein Schaden ist angerichtet, wenn die Sache zumindest beschädigt wurde. Beschädigen ist die Einwirkung, die zu einer nicht unerheblichen Substanzverletzung oder Funktionsbeeinträchtigung führt.

---

85 Eine schwere Gesundheitsschädigung darf bei der Erfüllung einer Erfolgsqualifikation des § 226 StGB angenommen werden.

86 Der BGH hat als Wertgrenze für einen bedeutenden Gegenstand mindestens 750 € festgelegt (BGH, Beschluss vom 28.9.2010– 4 StR 245/10, 2. Leitsatz).

87 BGH, Beschluss vom 17.6.2010 – AK 3/10, Rnd. 34.

2.4 Missbrauch von Notrufeinrichtungen gem. § 145 StGB

Gesetzestext (Auszug)

§ 145 Mißbrauch von Notrufen und Beeinträchtigung von Unfallverhütungs- und Nothilfemitteln

(1) Wer absichtlich oder wissentlich

1. Notrufe oder Notzeichen mißbraucht oder
2. vortäuscht, daß wegen eines Unglücksfalles oder wegen gemeiner Gefahr oder Not die Hilfe anderer erforderlich sei,

wird mit Freiheitsstrafe bis zu einem Jahr oder mit Geldstrafe bestraft.

[...]

Denkbares Fallbeispiel

Ein unbekannter Mann drückt grundlos den SOS-Knopf an der Notrufsäule der DB AG am Hamburger Hauptbahnhof.

Einordnung des Delikts

Geschütztes Rechtsgut:	Ungestörtes und verlässliches Funktionieren von Notrufeinrichtungen und Nothilfemitteln
Deliktscharakter:	Vergehen
Deliktsart:	Offizialdelikt
Versuch:	nicht strafbar
Rechtsfolge:	Freiheitsstrafe bis zu einem Jahr oder Geldstrafe

Missbrauch von Notrufeinrichtungen gem. § 145 I Nr. 1 StGB

1. TBM – Notrufe oder Notzeichen[88]

Definition: Notrufe oder Notzeichen sind alle optisch oder akustisch wahrnehmbaren Signale, die auf eine aktuell bestehende Notlage, erhebliche Gefahrenlage oder einen Notfall und die damit verbundene notwendige fremde Hilfe aufmerksam machen.

2. TBM – missbrauchen[89]

Definition: Eine missbräuchliche Betätigung könnte bewirken, dass ohne Grund zum Einsatz gerufene Helfer während dieser Zeit für einen notwendigen Hilfsdienst nicht zur Verfügung stehen und ein Hilfsbedürftiger deshalb ohne sofortige Hilfe bleibt oder dass die Funktionsfähigkeit der Anlage, die das Herbeirufen von Hilfe ermöglicht, gesichert bleibt und nicht durch missbräuchliche Inanspruchnahme beeinträchtigt wird.[90]

Missbrauch von Notrufeinrichtungen gem. § 145 I Nr. 2 StGB

1. TBM – Vortäuschen[91]

Definition: Vortäuschen ist die irreführende Einwirkung auf das Vorstellungsbild eines anderen, um in ihm eine Fehlvorstellung zu erregen oder zu unterhalten.

---

88 Hierunter dürften insbesondere Brandmeldeanlagen, Notrufsäulen oder -melder, Notbremsen in Zügen, Notsignale in und auf dem Bahngebiet etc. fallen.

89 Hinweis: Der Täter muss mit dolus directus 1. oder 2. Grades (in Absicht oder wissentlich) handeln. Ein etwaiger Eventualvorsatz reicht nicht aus.

90 Verkürzt aus BGH, Beschluss vom 27.1.1986–3 StR 164/85, Rnd. 8.

91 Hinweis: Der Täter muss mit dolus directus 1. oder 2. Grades (in Absicht oder wissentlich) handeln. Ein etwaiger Eventualvorsatz reicht nicht aus.

2. TBM – Unglücksfall oder gemeine Gefahr

- **Unglücksfall**

Definition: Ein Unglücksfall ist jedes plötzliche Ereignis, das erhebliche Gefahren für Personen oder Sachen von bedeutendem Wert mit sich bringt oder zu bringen droht.[92]

oder

- **Gemeine Gefahr**

Definition: Eine gemeine Gefahr ist der Eintritt eines Schadens an bedeutenden Rechtsgütern (Leib, Leben, Vermögen) für eine unbestimmte Anzahl von Personen.

3. TBM – Erforderlichkeit fremder Hilfe

Definition: Der Täter muss die Fehlvorstellung suggerieren, dass fremde Hilfe zur Beseitigung des Unglücksfalls oder der gemeinen Gefahr notwendig ist.

3. Straftaten gegen die sexuelle Selbstbestimmung

3.1 Sexuelle Belästigung gem. § 184 i StGB[93]

Gesetzestext (Auszug)

§ 184 i Sexuelle Belästigung

(1) Wer eine andere Person in sexuell bestimmter Weise körperlich berührt und dadurch belästigt, wird mit Freiheitsstrafe bis zu zwei Jahren oder mit Geldstrafe bestraft, wenn nicht die Tat in anderen Vorschriften mit schwererer Strafe bedroht ist.

[...]

---

92 Kindhäuser/Neumann/Paeffgen-StGB/Wohlers, 4. Aufl., Baden-Baden 2013, § 323 c Rn. 4.

93 Für die nachfolgenden Ausführungen vgl. Fischer, Thomas: Strafgesetzbuch mit Nebengesetzen (Beck'sche Kurz-Kommentare, Band 10, 66. Aufl., München 2018, § 184 i StGB.

Denkbares Fallbeispiel

Der leicht angetrunkene M trifft in der Wandelhalle des Hamburger Hauptbahnhofs auf die junge D. Der M und die D setzen sich auf eine Wartebank und unterhalten sich. Im Verlauf des Gesprächs fasst der M der D unerwartet und gegen deren Willen zwischen die Beine.

Einordnung des Delikts

Geschütztes Rechtsgut:	sexuelle Selbstbestimmung
Deliktscharakter:	Vergehen
Deliktsart:	relatives Antragsdelikt, s. § 184 i III StGB
Versuch:	nicht strafbar
Rechtsfolge:	Freiheitsstrafe bis zu zwei Jahren oder Geldstrafe

1. TBM – Körperliche Berührung in sexuell bestimmter Weise

- **Körperliche Berührung**

  Definition: Die Berührung muss in unmittelbarem Kontakt zwischen Täter und Opfer erfolgen, dabei kann der Täter auch eine Sache nutzen.[94] Verbale Äußerungen fallen nicht darunter.

- **Sexuell bestimmte Weise**

  Definition: Einen sexuellen Charakter hat eine Berührung, wenn diese sich objektiv gegen die primären oder sekundären Geschlechtsmerkmale richtet oder subjektiv nach dem äußeren Erscheinungsbild sexuellen Charakter hat.

94 Es ist dabei unerheblich, ob der Täter den bekleideten oder unbekleideten Körper berührt.

2. TBM – Taterfolg

- **Belästigung**

  Definition: Durch das Berühren muss der Täter beim Opfer das Gefühl einer unangenehmen Störung des Wohlbefindens direkt hervorrufen.[95]

3. TBM – Verletzung der sexuellen Selbstbestimmung

- **Verletzung der sexuellen Selbstbestimmung**

  Definition: Der Täter nimmt billigend in Kauf, dass er durch seine Handlung sein Opfer durch die Berührung in seiner sexuellen Selbstbestimmung verletzt.

3.2 Straftaten aus Gruppen gem. § 184 j StGB[96]

Gesetzestext (Auszug)

§ 184 j Straftaten aus Gruppen

Wer eine Straftat dadurch fördert, dass er sich an einer Personengruppe beteiligt, die eine andere Person zur Begehung einer Straftat an ihr bedrängt, wird mit Freiheitsstrafe bis zu zwei Jahren oder mit Geldstrafe bestraft, wenn von einem Beteiligten der Gruppe eine Straftat nach den §§ 177 oder 184 i begangen wird und die Tat nicht in anderen Vorschriften mit schwererer Strafe bedroht ist.

95 Ein mittelbares Hervorrufen, z. B. durch Reaktionen der Umwelt etc. genügt nicht.

96 Für die nachfolgenden Ausführungen vgl. Fischer, Thomas: Strafgesetzbuch mit Nebengesetzen (Beck'sche Kurz-Kommentare, Band 10, 66. Aufl., München 2018, § 184 j StGB).

Denkbares Fallbeispiel

Am Silvesterabend befinden sich am Hamburger Hauptbahnhof eine große Anzahl von Menschen. Nach Mitternacht wird das Gedränge in der Wandelhalle immer größer. Eine Gruppe junger Männer ist in der Menge besonders auffällig. Die jungen Männer kreisen immer wieder junge Frauen ein und fassen diesen dabei an die Beine, Po und an den Brustbereich.

Einordnung des Delikts

Geschütztes Rechtsgut:	sexuelle Selbstbestimmung
Deliktscharakter:	Vergehen
Deliktsart:	Offizialdelikt
Versuch:	nicht strafbar
Rechtsfolge:	Freiheitsstrafe bis zu zwei Jahren oder Geldstrafe

1. TBM – Personengruppe

Definition: Eine Personengruppe besteht aus mindestens drei Personen und ist durch einen inneren Zusammenschluss gekennzeichnet. Auf eine Dauerhaftigkeit der Gruppe oder die persönliche Bekanntschaft der Gruppenmitglieder kommt es nicht an.

2. TBM – andere Person(en) bedrängt

Definition: Beim Opfer handelt es sich um eine andere Person als die Gruppe.

oder

Definition: Durch Bedrängen wird eine andere Person in ihrer Flucht- oder Abwehrmöglichkeit eingeschränkt oder in eine Situation gebracht, in welcher die Verletzung ihrer Rechtsgüter objektiv oder subjektiv erleichtert wird.

3. TBM – Fördern oder Beteiligen

- **Fördern**

  Definition: Der Täter muss durch seine Beteiligung an der Gruppe eine Straftat fördern.

oder

- **Beteiligen**

  Definition: Der Täter muss sich an der Gruppe und an deren Vorgehen gegen das Tatopfer beteiligen.

4. Ehrdelikte

4.1 Beleidigung gem. § 185 StGB[97]

Gesetzestext (Auszug)

§ 185 Beleidigung

Die Beleidigung wird mit Freiheitsstrafe bis zu einem Jahr oder mit Geldstrafe und, wenn die Beleidigung mittels einer Tätlichkeit begangen wird, mit Freiheitsstrafe bis zu zwei Jahren oder mit Geldstrafe bestraft.

Denkbares Fallbeispiel

Der M und der B geraten in der Wandelhalle des Hamburger Hauptbahnhofs in eine verbale Auseinandersetzung. Während der Auseinandersetzung tituliert der M den B als Vollidiot und zeigt diesem dabei den Mittelfinger.

---

97 Für die nachfolgenden Ausführungen vgl. Fischer, Thomas: Strafgesetzbuch mit Nebengesetzen (Beck'sche Kurz-Kommentare, Band 10, 66. Aufl., München 2018, § 185 StGB).

Einordnung des Delikts

Geschütztes Rechtsgut:	persönliche Ehre
Deliktscharakter:	Vergehen
Deliktsart:	Absolutes Antragsdelikt, s. § 194 StGB
Versuch:	nicht strafbar
Rechtsfolge:	Freiheitsstrafe bis zu zwei Jahren oder Geldstrafe

1. TBM – Kundgebung der Missachtung/Nichtachtung

- **Kundgebung der Missachtung/Nichtachtung**

  Definition: Die Kundgabe der Miss- oder Nichtachtung muss sich an den Geschädigten oder eine dritte Person richten. Der Geschädigte muss die Kundgabe der Miss- oder Nichtachtung als Geringschätzung seiner Person auffassen. Auf die Form der Kundgabe kommt es dabei nicht an. Diese kann mündlich, schriftlich oder durch Handeln erfolgen.

2. Tatbestandsmerkmal – Werturteil oder Tatsachenbehauptung

- **Negatives herabsetzendes Werturteil**

  Definition: Der Inhalt der Kundgabe umfasst eine Miss- oder Nichtachtung des ethischen oder sozialen Wertes der anderen Person.

oder

- **Unwahre, ehrenrührige Tatsachenbehauptung**[98]

  Definition: Eine unwahre, ehrenrührige Tatsachenbehauptung ist eine nichtzutreffende, nicht wertneutrale und eine abwertende Konnotation beinhaltende Äußerung gegenüber der anderen Person.

---

98 Bei einer ehrverletzenden Tatsachenbehauptung, die nicht erweislich wahr ist, kommt eine üble Nachrede i. S. d. § 186 StGB in Betracht.

3. Tatbestandsmerkmal – gegenüber dem Geschädigten oder Dritten

- **Geschädigter**

  Definition: Die Beleidigung muss gegenüber dem Geschädigten geäußert werden. Wobei der Geschädigte bzw. der Geschädigtenkreis hinreichend konkretisiert sein muss.[99]

- **Dritte**[100]

  Definition: Dritte sind jemand anderes als der Geschädigte.

4.2 Üble Nachrede gem. § 186 StGB[101]

Gesetzestext (Auszug)

§ 186 Üble Nachrede

Wer in Beziehung auf einen anderen eine Tatsache behauptet oder verbreitet, welche denselben verächtlich zu machen oder in der öffentlichen Meinung herabzuwürdigen geeignet ist, wird, wenn nicht diese Tatsache erweislich wahr ist, mit Freiheitsstrafe bis zu einem Jahr oder mit Geldstrafe und, wenn die Tat öffentlich oder durch Verbreiten von Schriften (§ 11 Abs. 3) begangen ist, mit Freiheitsstrafe bis zu zwei Jahren oder mit Geldstrafe bestraft.

Denkbares Fallbeispiel

Der sozial auffällige R behauptet, dass der M andere Obdachlose bestehle.

---

99 Vgl. Problematik der Kollektivbeleidigung, u. a. BVerfG, Beschluss vom 16.1.2017–1 BvR 1593/16.

100 Ehrverletzende Tatsachenbehauptungen schließen im Falle des § 185 StGB Dritte aus. Diese Variante kommt nur bei einer Äußerung gegenüber dem Geschädigten in Betracht.

101 Für die nachfolgenden Ausführungen vgl. Fischer, Thomas: Strafgesetzbuch mit Nebengesetzen (Beck'sche Kurz-Kommentare, Band 10, 66. Aufl., München 2018, § 186 StGB).

Einordnung des Delikts

Geschütztes Rechtsgut:	persönliche Ehre
Deliktscharakter:	Vergehen
Deliktsart:	Absolutes Antragsdelikt, s. § 194 StGB
Versuch:	nicht strafbar
Rechtsfolge:	Freiheitsstrafe bis zu einem bzw. zwei Jahren oder Geldstrafe

1. TBM – Behauptung oder Verbreitung

- **Behauptung**

  Definition: Behaupten ist einen Sachverhalt oder Zustand nach eigener Überzeugung als richtig hinzustellen.

oder

- **Verbreitung**

  Definition: Verbreiten ist das Mitteilen einer Tatsache nicht als Gegenstand eigener Erkenntnis oder Überzeugung („Gerüchte verbreiten").

2. TBM – nicht erweisliche Tatsache

Definition: Eine nicht erweisliche Tatsache sind Geschehnisse, Zustände und Verhältnisse, die Gegenstand sinnlicher Wahrnehmung sein könnten, aber auch innere Sachverhalte, aber im konkreten Fall der Nachprüfbarkeit entzogen sind.

3. TBM – einen Anderen

Definition: Der Geschädigte muss jemand anderes sein als der Täter.

4. TBM – Geeignetheit, jemanden verächtlich zu machen oder in der öffentlichen Meinung herabzuwürdigen

- **Geeignetheit, jemanden verächtlich zu machen**

  Definition: Die nicht erweisliche Tatsache muss objektiv geeignet sein, den Geschädigten als verachtenswert erscheinen zu lassen.

oder

- **Geeignetheit, jemanden in der öffentlichen Meinung herabzuwürdigen**

Definition: Die nicht erweisliche Tatsache muss objektiv geeignet sein, den Geschädigten in der Meinung eines größeren, nicht geschlossenen Teiles der Bevölkerung als verachtenswert erscheinen zu lassen.

4.3 Verleumdung gem. § 187 StGB[102]

Gesetzestext (Auszug)

§ 187 Verleumdung

Wer wider besseres Wissen in Beziehung auf einen anderen eine unwahre Tatsache behauptet oder verbreitet, welche denselben verächtlich zu machen oder in der öffentlichen Meinung herabzuwürdigen oder dessen Kredit zu gefährden geeignet ist, wird mit Freiheitsstrafe bis zu zwei Jahren oder mit Geldstrafe und, wenn die Tat öffentlich, in einer Versammlung oder durch Verbreiten von Schriften (§ 11 Abs. 3) begangen ist, mit Freiheitsstrafe bis zu fünf Jahren oder mit Geldstrafe bestraft.

102 Für die nachfolgenden Ausführungen vgl. Fischer, Thomas: Strafgesetzbuch mit Nebengesetzen (Beck'sche Kurz-Kommentare, Band 10, 66. Aufl., München 2018, § 187 StGB).

Denkbares Fallbeispiel

Der sozial auffällige R ist sauer auf den PVB B. Daher behauptet der R, dass der B von den weiblichen Obdachlosen „Gefallen" einfordere, da er diese sonst aus dem Bahnhof verweisen würde. Man würde dies schließlich erkennen, da der R öfters weibliche Obdachlose kontrolliere. Der R erzählt diese unwahre Geschichte dem Beamten C.

Einordnung des Delikts

Geschütztes Rechtsgut:	persönliche Ehre
Deliktscharakter:	Vergehen
Deliktsart:	Absolutes Antragsdelikt, s. § 194 StGB
Versuch:	nicht strafbar
Rechtsfolge:	Freiheitsstrafe bis zu zwei bzw. fünf Jahren oder Geldstrafe

1. TBM – Behauptung oder Verbreitung

- **Behauptung**

  Definition: Behaupten ist einen Sachverhalt oder Zustand nach eigener Überzeugung als richtig hinzustellen.

oder

- **Verbreitung**

  Definition: Verbreiten ist das Mitteilen einer Tatsache nicht als Gegenstand eigener Erkenntnis oder Überzeugung („Gerüchte verbreiten").

2. TBM – Tatsache, die unwahr ist

Definition: Tatsachen sind Geschehnisse, Zustände und Verhältnisse, die Gegenstand sinnlicher Wahrnehmung sein könnten, aber auch innere Sachverhalte, die im konkreten Fall der Nachprüfbarkeit unterliegen. Die Unwahrheit muss feststehen.[103]

3. TBM – über einen Anderen

Definition: Der Täter muss die unwahre Tatsache über eine andere Person behaupten oder verbreiten.

4. TBM – Geeignetheit, jemanden verächtlich zu machen oder in der öffentlichen Meinung herabzuwürdigen

- **Geeignetheit, jemanden verächtlich zu machen**

  Definition: Die nicht erweisliche Tatsache muss objektiv geeignet sein, den Geschädigten als verachtenswert erscheinen zu lassen.

oder

- **Geeignetheit, jemanden in der öffentlichen Meinung herabzuwürdigen**

  Definition: Die nicht erweisliche Tatsache muss objektiv geeignet sein, den Geschädigten in der Meinung eines größeren, nicht geschlossenen Teiles der Bevölkerung als verachtenswert erscheinen zu lassen.

oder

- **Geeignetheit, die Kreditfähigkeit des Geschädigten zu gefährden**

  Definition: Kredit ist das Vertrauen, das jemand hinsichtlich der Erfüllung seiner vermögensrechtlichen Verbindlichkeiten genießt.

---

103 Steht die Unwahrheit nicht fest bzw. kann sie nicht bewiesen werden, so kommt § 186 StGB in Betracht.

5. Urkundenfälschung

5.1 Verändern amtlicher Ausweise gem. § 273 StGB

Gesetzestext (Auszug)

§ 273 Verändern von amtlichen Ausweisen

(1) Wer zur Täuschung im Rechtsverkehr

1. eine Eintragung in einem amtlichen Ausweis entfernt, unkenntlich macht, überdeckt oder unterdrückt oder eine einzelne Seite aus einem amtlichen Ausweis entfernt oder
2. einen derart veränderten amtlichen Ausweis gebraucht,

[...]

Denkbares Fallbeispiel

Der X ist ein Dschihad-Rückkehrer. Um diesen Umstand zu verschleiern, entfernt dieser bei seiner Rückkehr nach Deutschland aus seinem Reisepass die Seiten mit den Ein- und Ausreisestempeln aus dem Jemen.

Einordnung des Delikts

Geschütztes Rechtsgut:	Sicherheit im Rechtsverkehr
Deliktscharakter:	Vergehen
Deliktsart:	Offizialdelikt
Versuch:	Strafbar gem. § 273 II StGB
Rechtsfolge:	Freiheitsstrafe bis zu drei Jahren oder Geldstrafe

1. TBM – Amtlicher Ausweis

Definition: Amtliche Ausweise sind Papiere, die dem Nachweis der Identität oder der persönlichen Verhältnisse dienen sollen und von einer deutschen oder ausländischen Behörde oder sonstigen Stelle, die Aufgaben der öffentlichen Verwaltung wahrnimmt, ausgestellt worden sind.

2. TBM – Tathandlung

- **Eine Eintragung entfernen (§ 273 I Nr. 1 StGB)**

  Definition: Eine Eintragung wird entfernt, wenn diese dem Ausweis nicht mehr anhaftet.

oder

- **Eine Eintragung unkenntlich machen (§ 273 I Nr. 1 StGB)**

  Definition: Eine Unkenntlichmachung der Eintragung liegt vor, wenn aufgrund einer (physischen) Einwirkung ihr wesentlicher Aussagegehalt nicht mehr ersichtlich ist.

oder

- **Eine Eintragung überdecken (§ 273 I Nr. 1 StGB)**

  Definition: Eine Eintragung ist überdeckt, wenn durch das Hinzufügen weiteren Materials die ursprüngliche Eintragung nicht mehr wahrnehmbar ist.

oder

- **Eine Eintragung unterdrücken (§ 273 I Nr. 1 StGB)**

  Definition: Ein Unterdrücken liegt vor, wenn einem Berechtigten die Nutzung dieser entzogen oder vorenthalten wird.

oder

- **Eine einzelne Seite entfernen (§ 273 I Nr. 1 StGB)**

  Definition: Das Entfernen einer einzelnen Seite liegt vor, wenn diese dem amtlichen Ausweis nicht mehr körperlich anhaftet.

oder

- **veränderten Ausweis i. S. d. Nr. 1 gebrauchen (§ 273 I Nr. 2 StGB)**

  Definition: Gebrauchen ist das Zugänglichmachen des Ausweispapiers für den zu Täuschenden, so dass dieser den Inhalt wahrnehmen kann.[104]

3. TBM – zur Täuschung im Rechtsverkehr

Definition: Der Täter handelt mit dem direkten Vorsatz, bei einem anderen einen Irrtum über die Echtheit der Urkunde zu erregen und den Getäuschten dadurch zu einem rechtserheblichen Verhalten zu veranlassen.

5.2 Verschaffen von falschen amtlichen Ausweisen gem. § 276 StGB

Gesetzestext (Auszug)

§ 276 Verschaffen von falschen amtlichen Ausweisen

(1) Wer einen unechten oder verfälschten amtlichen Ausweis oder einen amtlichen Ausweis, der eine falsche Beurkundung der in den §§ 271 und 348 bezeichneten Art enthält,

1. einzuführen oder auszuführen unternimmt oder
2. in der Absicht, dessen Gebrauch zur Täuschung im Rechtsverkehr zu ermöglichen, sich oder einem anderen verschafft, verwahrt oder einem anderen überläßt,

wird mit Freiheitsstrafe bis zu zwei Jahren oder mit Geldstrafe bestraft.

[...]

104 Bei der Alternative „gebrauchen" muss eine Veränderung i. S. d. § 273 I Nr. 1 StGB vorliegen. Für die Sachverhaltsprüfung bedeutet dies, dass eines dieser Tatbestandsmerkmale vorher geprüft werden muss.

Denkbares Fallbeispiel

M und O sind nach Syrien gereist und haben dort eine große Anzahl von entwendeten Blankodokumenten käuflich erworben und mit neuem Inhalt versehen. Diese verbringen M und O über die österreichische Grenze nach Deutschland und wollen die Dokumente dort an Asylbewerber aus Afrika verkaufen.

Einordnung des Delikts

Geschütztes Rechtsgut:	Sicherheit im Rechtsverkehr
Deliktscharakter:	Vergehen
Deliktsart:	Offizialdelikt
Versuch:	nicht strafbar[105]
Rechtsfolge:	Freiheitsstrafe bis zu zwei Jahren oder Geldstrafe

1. TBM – Amtlicher Ausweis

Definition: Amtliche Ausweise sind Papiere, die dem Nachweis der Identität oder der persönlichen Verhältnisse dienen sollen und von einer deutschen oder ausländischen Behörde oder sonstigen Stelle, die Aufgaben der öffentlichen Verwaltung wahrnimmt, ausgestellt worden sind.

2. TBM – Beschaffenheit des Ausweises

- **unecht**

  Definition: Die Unechtheit eines amtlichen Ausweises besteht, wenn über den Aussteller des Ausweises getäuscht wird und so ein anderer als Aussteller erscheint.

---

105 § 276 StGB stellt ein Unternehmensdelikt dar, so dass Versuch und Vollendung zusammenfallen und die Strafbarkeit des Versuchs daher nicht explizit geregelt werden muss, § 11 I Nr. 6 StGB.

- **falsch**

  Definition: Eine unbefugte, nachträgliche Veränderung, wodurch der Ausweis etwas Anderes aussagt als vorher, führt zu dessen Falschheit.

- **falsch beurkundet**

  Definition: Der Täter muss durch falsche Angaben über seine Rechtsverhältnisse für die Ausstellung des amtlichen Ausweises sorgen.

3. TBM – Tathandlung

- **ein- oder ausführen (§ 276 I Nr. 1 StGB)**[106]

  Definition: Durch ein Verbringen über die bundesdeutsche Grenze wird ein amtlicher Ausweis ein- oder ausgeführt.

- **sich verschaffen (§ 276 I Nr. 2 StGB)**

  Definition: Der Täter muss den amtlichen Ausweis derart in seinen Gewahrsam bringen, dass dieser frei zu seinen eigenen Zwecken über diesen verfügen kann.

- **einem Dritten verschaffen (§ 276 I Nr. 2 StGB)**

  Definition: Einem Dritten verschaffen ist die Weitergabe des amtlichen Ausweises an einen Dritten ohne zwischenzeitlichen Besitz.

- **verwahren (§ 276 I Nr. 2 StGB)**

  Definition: Verwahren ist die Herstellung des Gewahrsams über den amtlichen Ausweis.

- **einem Anderen überlassen (§ 276 I Nr. 2 StGB)**

  Definition: Einem Anderen Überlassen ist der entgeltliche oder unentgeltliche Transfer des amtlichen Ausweises.

---

106 Der direkte Vorsatz zur Täuschung im Rechtsverkehr ist nur bei den Alternativen des § 276 I Nr. 2 StGB zu prüfen. Bei der Ein- oder Ausfuhr gem. § 276 I Nr. 1 StGB muss der Täter keinen Vorsatz bzgl. des Einsatzes im Rechtsverkehr haben.

4. TBM – zur Täuschung im Rechtsverkehr[107]

Definition: Der Täter handelt mit dem direkten Vorsatz, bei einem Anderen einen Irrtum über die Echtheit der Urkunde zu erregen und den Getäuschten dadurch zu einem rechtserheblichen Verhalten zu veranlassen.

6. Gemeingefährliche Straftaten

6.1 Gefährliche Eingriffe in den Bahnverkehr gem. § 315 StGB[108]

Gesetzestext (Auszug)

§ 315 Gefährliche Eingriffe in den Bahn-, Schiffs- und Luftverkehr

(1) Wer die Sicherheit des Schienenbahn-, Schwebebahn-, Schiffs- oder Luftverkehrs dadurch beeinträchtigt, daß er

1. Anlagen oder Beförderungsmittel zerstört, beschädigt oder beseitigt,
2. Hindernisse bereitet,
3. falsche Zeichen oder Signale gibt oder
4. einen ähnlichen, ebenso gefährlichen Eingriff vornimmt,

und dadurch Leib oder Leben eines anderen Menschen oder fremde Sachen von bedeutendem Wert gefährdet, wird mit Freiheitsstrafe von sechs Monaten bis zu zehn Jahren bestraft.

[...]

107 Der direkte Vorsatz zur Täuschung im Rechtsverkehr ist nur bei den Alternativen des § 276 I Nr. 2 StGB zu prüfen. Bei der Ein- oder Ausfuhr gem. § 276 I Nr. 1 StGB muss der Täter keinen Vorsatz bzgl. des Einsatzes im Rechtsverkehr haben.

108 Für die nachfolgenden Ausführungen vgl. Fischer, Thomas: Strafgesetzbuch mit Nebengesetzen (Beck'sche Kurz-Kommentare, Band 10, 66. Aufl., München 2018, § 315 StGB).

(3) Auf Freiheitsstrafe nicht unter einem Jahr ist zu erkennen, wenn der Täter

1. in der Absicht handelt,

   a) einen Unglücksfall herbeizuführen oder

[...]

Denkbares Fallbeispiel

Die Jugendlichen O und Z legen nachts auf der Bahnstrecke zwischen Bahnhof Hamburg-Altona und Hamburg Hauptbahnhof gestohlene Fahrräder auf die Gleise, um zu sehen wie ein Zug darüberfährt. Als die beiden Jugendlichen gerade die Fahrräder abgelegt haben, sind schon die Lichter eines Zuges zu sehen.

Einordnung des Delikts

Geschütztes Rechtsgut:	u. a. Sicherheit des Bahnverkehrs
Deliktscharakter:	Vergehen § 315 I StGB/Verbrechen § 315 III StGB
Deliktsart:	Offizialdelikt
Versuch:	Strafbar gem. § 315 II StGB
Rechtsfolge:	Freiheitsstrafe von sechs Monaten bis zu 10 Jahren oder Geldstrafe. In den Fällen des § 315 III Freiheitsstrafe nicht unter einem Jahr

Gefährliche Eingriffe in den Bahnverkehr gem. § 315 I Nr. 1 StGB

1. TBM – Schienenbahnverkehr

Definition: Schienenbahnverkehr ist der Verkehr von Beförderungsmitteln, die sich durch ein Antriebssystem auf Schienen bewegen, also u. a. Eisenbahnen.

2. TBM – Tatobjekt

- **Anlage**

  Definition: Anlagen sind dem Verkehr dienende feste und auf Dauer angelegte Einrichtungen einschließlich ihres Zubehörs.

oder

- **Beförderungsmittel**

  Definition: Beförderungsmittel sind bewegliche Einrichtungen, vor allem Fahrzeuge, die der Beförderung von Personen oder Sachen dienen.

3. TBM – Tathandlung

- **zerstören**

  Definition: ist die völlige Aufhebung der Gebrauchsfähigkeit einer Sache.

oder

- **beschädigen**

  Definition: ist die Einwirkung, die zu einer nicht unerheblichen Substanzverletzung oder Funktionsbeeinträchtigung führt.

- **Substanzverletzung**

  Definition: Die Substanz wird verletzt, wenn auf die Materie eingewirkt wird.

oder

- **Funktionsbeeinträchtigung**

  Definition: Die Funktion ist beeinträchtigt, wenn die Gebrauchsfähigkeit einer Sache verändert oder vereitelt wird.

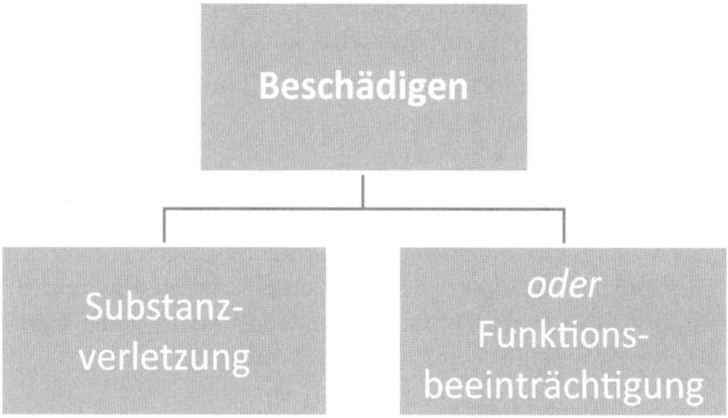

oder

- **beseitigen**

  Definition: ist die Verhinderung des bestimmungsgemäßen Gebrauchs durch örtliche Veränderung von Anlagen oder Beförderungsmitteln.

4. TBM – Herbeiführung einer konkreten Gefahr für Leib oder Leben oder fremde Sache von bedeutendem Wert

- **Konkrete Gefahr**

  Definition: Der Eintritt eines Schadens muss derart in bedrohliche Nähe gerückt sein, so dass die Vermeidung des Schadens nur noch vom Zufall abhängt.

- **für Leib oder Leben**

  Definition: Die Gefahr muss für Leib oder Leben einer anderen Person vorliegen.

oder

- **fremde Sache von bedeutendem Wert**

  Definition Sache: Eine Sache ist jeder körperliche Gegenstand i. S. d. § 90 BGB ohne Rücksicht auf deren Aggregatzustand.

Definition von bedeutendem Wert: Die Wertgrenze für eine Sache von bedeutendem Wert wird bei 1300 € angenommen.

Definition fremd: Die Sache steht nicht im Alleineigentum des Täters und ist nicht herrenlos.

5. TBM – Sicherheitsbeeinträchtigung

Definition: Die Gefahr muss zu einer Sicherheitsbeeinträchtigung führen. Die Sicherheitsbeeinträchtigung muss sich auf einen Verkehrsvorgang beziehen. Dies setzt eine Konkretisierung der Gefahr voraus, es muss mehr als nur eine abstrakte – jeder Tathandlung innewohnende – Gefährlichkeit vorliegen.

6. TBM – Kausalität

Definition: Eine Handlung ist kausal, wenn sie nicht hinweggedacht werden kann, ohne dass der Erfolg in seiner konkreten Gestalt entfällt.

Gefährliche Eingriffe in den Bahnverkehr gem. § 315 I Nr. 2–4 StGB

1. TBM – Schienenbahnverkehr

Definition: Schienenbahnverkehr ist der Verkehr von Beförderungsmitteln, die sich durch ein Antriebssystem auf Schienen bewegen, also u. a. Eisenbahnen.

2. TBM – Tathandlung

- **Bereiten von Hindernissen für ein Beförderungsmittel (§ 315 I Nr. 2 StGB)**

  Definition Beförderungsmittel: Beförderungsmittel sind bewegliche Einrichtungen, vor allem Fahrzeuge, die der Beförderung von Personen oder Sachen dienen.

  Definition Bereiten von Hindernissen: Bereiten von Hindernissen bedeutet die körperliche Einwirkung, die den Verkehr hemmt oder verzögert.

oder

- **Geben falscher Zeichen oder Signale (§ 315 I Nr. 3 StGB)**

  Definition: Falsch sind Signale, die Verkehrsvorgänge beeinflussen sollen, der Verkehrslage aber widersprechen.

oder

- **Ähnliche, ebenso gefährliche Eingriffe (§ 315 I Nr. 4 StGB)**

  Definition: sind Verhaltensweisen, die unmittelbar auf Verkehrsvorgänge einwirken, den Eingriffen nach Nr. 1–3 ihrer Art nach verwandt und ebenso abstrakt gefährlich sind.

3. TBM – Herbeiführung einer konkreten Gefahr für Leib oder Leben oder fremde Sache von bedeutendem Wert

- **Konkrete Gefahr**

  Definition: Der Eintritt eines Schadens muss derart in bedrohliche Nähe gerückt sein, so dass die Vermeidung des Schadens nur noch vom Zufall abhängt.

- **für Leib oder Leben**

  Definition: Die Gefahr muss für Leib oder Leben einer anderen Person vorliegen.

oder

- **fremde Sache von bedeutendem Wert**

  Definition Sache: Eine Sache ist jeder körperliche Gegenstand i. S. d. § 90 BGB ohne Rücksicht auf deren Aggregatzustand.

  Definition von bedeutendem Wert: Die Wertgrenze für eine Sache von bedeutendem Wert wird bei 1300 € angenommen.

  Definition fremd: Die Sache steht nicht im Alleineigentum des Täters und ist nicht herrenlos.

4. TBM – Sicherheitsbeeinträchtigung

Definition: Die Gefahr muss zu einer Sicherheitsbeeinträchtigung führen. Die Sicherheitsbeeinträchtigung muss sich auf einen Verkehrsvorgang beziehen. Dies setzt eine Konkretisierung der Gefahr voraus, es muss mehr als nur eine abstrakte – jeder Tathandlung innewohnende – Gefährlichkeit vorliegen.

5. TBM – Kausalität

Definition: Eine Handlung ist kausal, wenn sie nicht hinweggedacht werden kann, ohne dass der Erfolg in seiner konkreten Gestalt entfällt.

Gefährliche Eingriffe in den Bahnverkehr gem. § 315 III StGB

1. TBM – Schienenbahnverkehr

Definition: Schienenbahnverkehr ist der Verkehr von Beförderungsmitteln, die sich durch ein Antriebssystem auf Schienen bewegen, also u. a. Eisenbahnen.

2. TBM – Herbeiführen eines Unglücksfalls

Definition: Ein Unglücksfall heißt, dass der Täter in der Absicht handelt, eine konkrete Gefahr für den Schienenbahnverkehr zu verwirklichen. Auf den tatsächlichen Schadenseintritt kommt es dabei nicht an.

3. TBM – Tathandlung

Definition: siehe hierzu die Ausführungen zu § 315 I Nr. 1–4 StGB.

4. TBM – Sicherheitsbeeinträchtigung

Definition: Die Gefahr muss zu einer Sicherheitsbeeinträchtigung führen. Die Sicherheitsbeeinträchtigung muss sich auf einen Verkehrsvorgang beziehen. Dies setzt eine Konkretisierung der Gefahr voraus, es muss mehr als nur eine abstrakte – jeder Tathandlung innewohnende – Gefährlichkeit vorliegen.

5. TBM – Kausalität

Definition: Eine Handlung ist kausal, wenn sie nicht hinweggedacht werden kann, ohne dass der Erfolg in seiner konkreten Gestalt entfällt.

6.2 Störung öffentlicher Betriebe gem. § 316 b Nr. 1 StGB[109]

Gesetzestext (Auszug)

§ 316 b Störung öffentlicher Betriebe

(1) Wer den Betrieb

1. von Unternehmen oder Anlagen, die der öffentlichen Versorgung mit Postdienstleistungen oder dem öffentlichen Verkehr dienen,
2. einer der öffentlichen Versorgung mit Wasser, Licht, Wärme oder Kraft dienenden Anlage oder eines für die Versorgung der Bevölkerung lebenswichtigen Unternehmens oder
3. einer der öffentlichen Ordnung oder Sicherheit dienenden Einrichtung oder Anlage

dadurch verhindert oder stört, daß er eine dem Betrieb dienende Sache zerstört, beschädigt, beseitigt, verändert oder unbrauchbar macht oder die für den Betrieb bestimmte elektrische Kraft entzieht, wird mit Freiheitsstrafe bis zu fünf Jahren oder mit Geldstrafe bestraft.

[...]

Denkbares Fallbeispiel

Der Jugendliche Z und sein Freund manipulieren eine Schranke, so dass diese sich nicht mehr öffnet und es zu mehreren Stunden von Zugverspätungen kommt.

109 Für die nachfolgenden Ausführungen vgl. Fischer, Thomas: Strafgesetzbuch mit Nebengesetzen (Beck'sche Kurz-Kommentare, Band 10, 66. Aufl., München 2018, § 316 b StGB).

Einordnung des Delikts

Geschütztes Rechtsgut:	u. a. Sicherheit des Bahnverkehrs
Deliktscharakter:	Vergehen
Deliktsart:	Offizialdelikt
Versuch:	Strafbar gem. § 316 b II StGB
Rechtsfolge:	Freiheitsstrafe bis zu fünf Jahren oder Geldstrafe

1. TBM – Öffentlicher Verkehr

Definition: ist der grundsätzlich für das Publikum offene Verkehr, u. a. der Bahnverkehr.

2. TBM – eine dem Betrieb dienende Sache

Definition: muss zur Aufrechterhaltung des Betriebsablaufes notwendig sein.

3. TBM – Tathandlung

- **zerstören**

  Definition: ist die völlige Aufhebung der Gebrauchsfähigkeit einer Sache.

oder

- **beschädigen**

  Definition: ist die Einwirkung, die zu einer nicht unerheblichen Substanzverletzung oder Funktionsbeeinträchtigung führt.

- **Substanzverletzung**

  Definition: Die Substanz wird verletzt, wenn auf die Materie eingewirkt wird.

oder

- **Funktionsbeeinträchtigung**

  Definition: Die Funktion ist beeinträchtigt, wenn die Gebrauchsfähigkeit einer Sache verändert oder vereitelt wird.

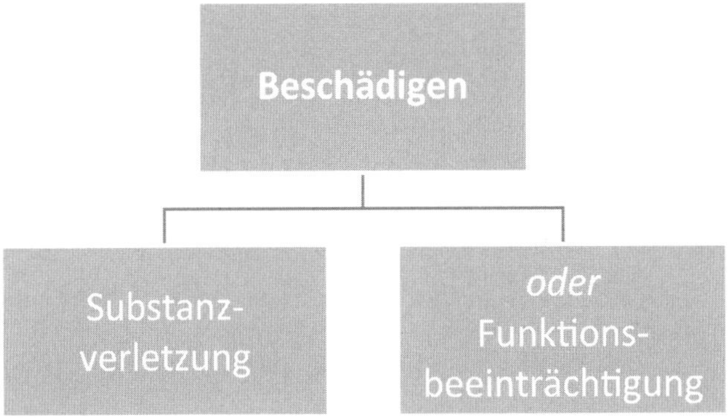

oder

- **beseitigen**

  Definition: ist die Verhinderung des bestimmungsgemäßen Gebrauchs durch örtliche Veränderung von Anlagen oder Beförderungsmitteln.

4. TBM – Verhindern oder Stören des Betriebes

Definition: Eine Beeinträchtigung des ordnungsgemäßen Ablaufs in seiner Gesamtheit muss vorliegen.

Kapitel 7 – Waffenrecht

1. Prüfungsschema

In der Ausbildung des mittleren Polizeivollzugsdienstes in der BPOL hat sich für die Prüfung von waffenrechtlichen Sachverhalten folgendes Schema durchgesetzt:

W	Ist das **Waffengesetz anwendbar**?
U	Welche **Umgangsarte(n)** werden ausgeübt?
V	Handelt es sich um einen **verbotenen** Gegenstand?
E	Gilt der Grundsatz der **Erlaubnispflicht**?
A	**Ausnahmen** von der Erlaubnispflicht?
	Alter (§ 2 I WaffG)
	Ausweispflicht (§ 38 WaffG)
KS	Bewertung der konkreten **(Kontroll-)Situation**

Merkwort: **W-U-V-E-A-KS**

2. Definitionen zum Punkt W: Anwendbarkeit des Waffengesetzes

Welche Definitionen benötigen Sie?

Waffe(n)

Waffen sind gemäß § 1 II WaffG

1. Schusswaffen oder ihnen gleichgestellte Gegenstände und
2. tragbare Gegenstände,
   a) die ihrem Wesen nach dazu bestimmt sind, die Angriffs- oder Abwehrfähigkeit von Menschen zu beseitigen oder herabzusetzen, insbesondere Hieb- und Stoßwaffen;
   b) die, ohne dazu bestimmt zu sein, insbesondere wegen ihrer Beschaffenheit, Handhabung oder Wirkungsweise geeignet

sind, die Angriffs- oder Abwehrfähigkeit von Menschen zu beseitigen oder herabzusetzen, und die in diesem Gesetz genannt sind.

Schusswaffe(n)

Schusswaffen sind Gegenstände, die zum Angriff oder zur Verteidigung, zur Signalgebung, zur Jagd, zur Distanzinjektion, zur Markierung, zum Sport oder zum Spiel bestimmt sind und bei denen Geschosse durch einen Lauf getrieben werden.[110]

Wesentliche Teile von Schusswaffen

Zu den wesentlichen Teilen einer Schusswaffe gehören Lauf oder Gaslauf, der Verschluss sowie das Patronen- oder Kartuschenlager, wenn diese nicht bereits Bestandteil des Laufes sind. Auch das Griffstück oder sonstige Waffenteile, die zur Aufnahme des Auslösemechanismus bestimmt sind, gelten bei Kurzwaffen als wesentliche Teile (siehe dazu auch Anlage 1 zu § 1 IV WaffG – Begriffsbestimmungen).

Den Schusswaffen gleichgestellte Gegenstände

Den Schusswaffen stehen tragbare Gegenstände gleich, die zum Abschießen von Munition für die vorgenannten Zwecke bestimmt sind oder bei denen bestimmungsgemäß feste Körper gezielt verschossen werden, deren Antriebsenergie durch Muskelkraft eingebracht und durch eine Sperrvorrichtung gespeichert werden kann (z. B. Armbrüste). Dies gilt nicht für feste Körper, die mit elastischen Geschossspitzen versehen sind (z. B. Saugnäpfe aus Gummi). Die Geschossspitze darf hierbei nicht 0,16 J/cm² Bewegungsenergie überschreiten.

Tragbare Gegenstände

Die Gegenstände sind tragbar, wenn diese von einer Person üblicherweise getragen und in der Hand gehalten werden können. Die sog. tragbaren Gegenstände werden in zwei Gruppen eingeteilt –

---

110 Siehe auch Anlage 1 (zu § 1 IV WaffG) und dort unter Punkt 1.1.

abhängig von ihrem Bestimmungszweck. Es ist hilfreich, wenn Sie nun § 1 WaffG sowie die Anlage 1, Unterabschnitt 2 zum WaffG aufschlagen:

1. Gruppe	2. Gruppe
Tragbare Gegenstände nach **§ 1 II Nr. 2a WaffG**	Tragbare Gegenstände nach **§ 1 II Nr. 2b WaffG**
Definition: Gegenstände, die ihrem Wesen nach dazu bestimmt sind, die Angriffs- oder Abwehrfähigkeit von Menschen zu beseitigen oder herabzusetzen. *Merke:* Die Zweckbestimmung eines Gegenstandes richtet sich nach dem Herstellerzweck. Es spielt keine Rolle, zu welchem Zweck der Gegenstand mitgeführt wird.	*Definition:* Gegenstände, die, **ohne** dazu bestimmt zu sein, insbesondere wegen ihrer Beschaffenheit, Handhabung oder Wirkungsweise geeignet sind, die Angriffs- oder Abwehrfähigkeit von Menschen zu beseitigen oder herabzusetzen, **und in diesem Gesetz genannt sind**.
Waffen im technischen Sinn → Diese sind stets vom WaffG erfasst!	**Waffen im nichttechnischen Sinn** → Diese sind nur dann Waffen i. S. d. WaffG, **sofern** sie ausdrücklich im Gesetz genannt sind!
Beispiele (Anlage 1, Unterabschnitt 2, Punkt 1 zum WaffG): ■ Hieb- und Stoßwaffen (Säbel, Kampfmesser, Dolch, Totschläger, Schlagring) ■ Weitere Gegenstände, wie z. B. Elektroimpulsgeräte, Reizstoffsprühgeräte, Flammenwerfer, Molotow-Cocktail und Präzisionsschleudern	*Beispiele* (Anlage 1, Unterabschnitt 2, Punkt 2 zum WaffG): ■ Springmesser ■ Fallmesser ■ Faustmesser ■ Butterflymesser

Munition

Die relevanten Begriffsbestimmungen finden sich in der Anlage 1, Unterabschnitt 3 zum WaffG. Demnach ist Munition zum Verschießen aus Schusswaffen bestimmte

- **Patronenmunition** (Hülsen mit Ladungen, die ein Geschoss enthalten, und Geschosse mit Eigenantrieb),
- **Kartuschenmunition** (Hülsen mit Ladungen, die ein Geschoss nicht enthalten),

- **hülsenlose Munition** (Ladung mit oder ohne Geschoss, wobei die Treibladung eine den Innenabmessungen einer Schusswaffe oder eines Gegenstandes nach Unterabschnitt 1 Nr. 1.2 angepasste Form hat),
- **pyrotechnische Munition** (dies sind Gegenstände, die Geschosse mit explosionsgefährlichen Stoffen oder Stoffgemischen [pyrotechnische Sätze] enthalten, die Licht-, Schall-, Rauch-, Nebel-, Heiz-, Druck- oder Bewegungswirkungen erzeugen und keine zweckbestimmte Durchschlagskraft im Ziel entfalten).

  Hierzu gehört pyrotechnische Patronenmunition (Patronenmunition, bei der das Geschoss einen pyrotechnischen Satz enthält), unpatronierte pyrotechnische Munition (Geschosse, die einen pyrotechnischen Satz enthalten) sowie mit der Antriebsvorrichtung fest verbundene pyrotechnische Munition.

3. Definitionen zum Punkt U: Umgangsarten

Die verschiedenen Umgangsarten sind in der Anlage 1, Abschnitt 2 zum WaffG enthalten.

Erwerb

Eine Waffe oder Munition **erwerben** bedeutet, die tatsächliche Gewalt darüber **erlangen**.

Besitz

Eine Waffe oder Munition **besitzen** bedeutet, die tatsächliche Gewalt darüber **ausüben**.

Überlassen

Eine Waffe oder Munition **überlassen** bedeutet, die tatsächliche Gewalt darüber einem anderen **einräumen**.

Führen

Eine Waffe oder Munition **führen** bedeutet, die tatsächliche Gewalt darüber **außerhalb** der eigenen Wohnung, Geschäftsräume, des eigenen befriedeten Besitztums oder einer Schießstätte **auszuüben**.

Verbringen

Eine Waffe oder Munition **verbringen** bedeutet, wer diese (Waffe oder Munition) **über die Grenze** zum dortigen Verbleib oder mit dem Ziel des Besitzwechsels in den, durch den oder aus dem Geltungsbereich des Gesetzes zu einer anderen Person oder zu sich selbst transportieren lässt oder selbst transportiert.

Mitnahme

Eine Waffe oder Munition **mitnehmen** bedeutet, wer (diese Waffe oder Munition) vorübergehend auf einer Reise ohne Aufgabe des Besitzes zur Verwendung über die Grenze in den, durch den oder aus dem Geltungsbereich des Gesetzes bringt.

Schießen

Damit **schießen** heißt, wer mit einer Schusswaffe Geschosse durch einen Lauf verschießt, Kartuschenmunition abschießt, mit Patronen- oder Kartuschenmunition Reiz- oder andere Wirkstoffe verschießt oder pyrotechnische Munition verschießt.

Herstellen

Herstellen bedeutet, Herstellen von Munition, auch das gewerbsmäßige Wiederladen von Hülsen.

Bearbeiten und Instandsetzen

Bearbeiten und Instandsetzen bedeutet, wenn eine Schusswaffe verkürzt, in der Schussfolge verändert oder so geändert wird, dass andere Munition oder Geschosse anderer Kaliber aus ihr verschossen werden können, oder wenn wesentliche Teile, zu deren Einpassung eine Nacharbeit erforderlich ist, ausgetauscht werden; eine Schusswaffe wird weder bearbeitet noch instandgesetzt, wenn lediglich geringfügige Änderungen, insbesondere am Schaft oder an der Zieleinrichtung vorgenommen werden.

Handel

Waffenhandel treibt, wer gewerbsmäßig oder selbstständig im Rahmen einer wirtschaftlichen Unternehmung Schusswaffen oder Munition ankauft, feilhält, Bestellungen entgegennimmt oder aufsucht, anderen überlässt oder den Erwerb, den Vertrieb oder das Überlassen vermittelt.

4. Definitionen zum Punkt V: Verbotene Gegenstände

Mit Blick auf die Anlage 2 zum WaffG lässt sich folgende Kategorisierung ableiten:

Waffen		
Verbotene Waffen	Ganz oder teilweise **erlaubnispflichtige Waffen** und erleichterte Erlaubniserteilung	Ganz oder teilweise vom WaffG **ausgenommene** Waffen
Zu finden in: Anlage 2, Abschnitt 1 zum WaffG	*Zu finden in:* Anlage 2, Abschnitt 2 Unterabschnitte 1, 2 und 3	*Zu finden in:* Anlage 2, Abschnitt 3
Beispiele: ■ Schlagringe ■ Totschläger ■ Nun-Chakus ■ Butterflymesser	*Beispiel:* ■ Armbrüste (erlaubnisfreier Erwerb und Besitz)	*Beispiel:* ■ Unterwassersportgeräte, bei denen zum Antrieb der Geschosse keine Munition verwendet wird

Bei den weiteren Punkten des Schemas gibt es keine bereichsspezifischen Definitionen.